疫情后延安大学研究生体质与心理健康关系研究　项目编号：YDYJG2020033

高校篮球教学与科学训练研究

郭振东　著

中国商业出版社

图书在版编目（CIP）数据

高校篮球教学与科学训练研究 / 郭振东著 . -- 北京：中国商业出版社，2023.12

ISBN 978-7-5208-2813-0

Ⅰ . ①高… Ⅱ . ①郭… Ⅲ . ①篮球运动—体育教学—教学研究—高等学校 Ⅳ . ① G841.2

中国国家版本馆 CIP 数据核字 (2023) 第 246671 号

责任编辑：陈　皓
策划编辑：常　松

中国商业出版社出版发行

（www.zgsycb.com 100053 北京广安门内报国寺 1 号）

总编室：010-63180647　编辑室：010-83114579

发行部：010-83120835/8286

新华书店经销

定州启航印刷有限公司印刷

*

710 毫米 ×1000 毫米　16 开　13.75 印张　210 千字

2023 年 12 月第 1 版　2024 年 1 月第 1 次印刷

定价：88.00 元

* * * *

（如有印装质量问题可更换）

前言

篮球这项起源于19世纪的运动，是全球范围内备受热爱的一种体育活动。在各大高校中，篮球不仅仅是一项运动或一个比赛项目，它已经成为一种文化乃至一种情感的连接，它还关乎学生的心态、态度以及他们对待生活的方式。从学院联赛到校际对抗，篮球在高校影响深远，为学生提供了一个表现自我、培养团队合作精神和锻炼身体的绝佳平台。这些年轻的球员在活动中学到的每一项技能，无论是投篮、传球还是组织进攻，背后都蕴含着比技巧更重要的东西。例如，每当球员在场上与队友完成一次精彩的配合，他们实际上是在学习如何与他人沟通和合作。高校篮球也提供了一个独特的社交环境，它不仅将学生、教练、教职员工以及校友联系在一起，还将他们与更广大的社区紧密地连接起来。在比赛日的球场上，观众的欢呼和球员的汗水构成了一首充满激情和活力的交响乐，展现出篮球带给人们的纯粹喜悦。

高校篮球在发展的同时也面临着挑战。从怎样更有效地培养学生的篮球技能、如何确保学生在运动中的身体安全，到如何在日益激烈的竞争中保持公平、公正，每一个环节都考验着与篮球相关的教练、教师和管理者。正是这些挑战推动了高校篮球的不断进步和创新。从科技在比赛数据分析中的应用，到对运动员心理健康的更多关注，高校篮球持续寻找最佳实践，以确保学生能够在健康、安全和充满乐趣的环境中体验篮球的魅力。

全书共分八章。第一章主要介绍了篮球运动的历史渊源与发展；介绍了篮球是如何在各个高校之间传播并逐渐成为主流运动的；深入分析了高校篮球所特有的精神文化，这种文化是如何塑造的，以及它对运动员和整个社会带来了哪些深远的影响。第二章、第三章和第四章重点关注了高校篮球的教学方法、技术教学和战术教学。教练和教师通过翻转课堂、问题导向等现代化的教学方法，能更有效地传授技术和战术，激发学生的学习兴趣。技术和战术是篮球比赛中的灵魂，决定着比赛的走向。第五章和第六章深入探索了高校篮球的科学训练以及综合能力训练。科学训练和综合能力训练是保证运动员在比赛中发挥出最佳状态的基石。第七章着重探讨了高校篮球心理素质培养，包括运动员的心理训练方法以及如何在比赛中进行有效的心理调控，确保运动员在关键时刻能够保持冷静、做出正确的决策。第八章主要对高校篮球比赛策略进行了深入分析，探讨了如何结合比赛规则、数据分析进行决策，并在比赛后进行有效的反馈和教学调整。

本书在撰写过程中参考了一些专家、学者的研究成果和著作，在此表示衷心的感谢。由于时间仓促，水平有限，不足之处在所难免，恳请广大读者、专家批评指正。

目录

第一章　高校篮球运动概述

第一节　篮球运动的起源与发展

一、篮球运动溯源

篮球运动是由美国马萨诸塞州体育教师詹姆斯·奈史密斯（James Naismith）于1891年借鉴其他球类项目设计发明的。[①] 1885年，基督教青年会在美国马萨诸塞州的斯普林菲尔德学院成立，并设立了体育部，詹姆斯·奈史密斯被任命为教师，负责教授成人体育课程。奈史密斯考虑到冬季室内活动的限制，提出了设计一项新的室内运动的设想。他的设计理念主要包括三个方面：第一，新的运动要避免类似橄榄球等运动中的粗暴行为，提供一种"文明"的竞技体验；第二，新的运动应该能够克服季节、气候等因素的限制，使得室内和夜间也能进行；第三，新的运动应该能够吸引各种年龄和性别的人参与，特别是对青年人有吸引力。在以上设计理念的指导下，奈史密斯从各种传统运动中获得灵感，设计出了一种新的运动——篮球。在这个游戏中，球员需要向高处的投篮投掷球，投掷的准确性将决定比赛的胜负。为了避免过于粗暴的身体接触，奈史密斯在初期就设定了四条基本游戏规则：球应使用柔软的，类似于足球的形状；应用手来传递球，不允许用脚踢或用头顶，也不允许带球跑动；禁止粗暴的行为，如打、拉、推对方；投

① 李景方．篮球运动的起源与发展[J]．体育博览，1997（12）：44.

掷目标应设置在空中，保持水平状态。

经过一段时间的实践和试验，1891 年的圣诞节，奈史密斯组织了一场新运动的展示赛，18 名学生分为两队进行比赛。第一场正式的篮球比赛则在 1892 年举行，由奈史密斯和其他 6 名教师与几名学生进行。从而开启篮球运动的历史。

二、篮球运动的发展过程

篮球从诞生之初的美国本土运动，迅速向全球各地扩散，先是在墨西哥，而后又传入法国、英国、中国、巴西等国家，最后在全球普及，经历了从初创时期的慢慢流行，到专业化和商业化的腾飞，再到全球化和现代化的飞速发展。这一过程不仅反映了篮球运动的演变，还是全球体育文化交流和发展的缩影。总体来看，篮球在全球的发展大体可以划分为以下四个时期。

（一）初创时期

篮球起初只作为一项冬季室内运动。1893 年，篮球运动传到了欧洲，并迅速在全球范围内扩展。这一阶段的快速扩展，使篮球从一项地方小众运动发展为全球流行的体育项目。与此同时，各地开始组织更正式的比赛和锦标赛。学校和各类社团成为篮球运动的推广中心。篮球作为一项竞技运动逐渐崛起，规则的统一和标准化也逐渐得到了重视。1892 年，女子篮球开始在美国的一些女子学校中流行。这一现象意味着篮球运动从一开始就不仅限于男性，女性也能在篮球场上展现自己的风采。

初创时期的篮球运动虽然相对粗浅，但其中包括了许多创新的元素和概念。从最基本的规则和装置，到比赛的组织和推广，再到女子篮球的兴起，每一个环节都反映了篮球运动独特的魅力和潜力。这一时期的发展不仅奠定了篮球运动的基本形态，还为其后续的专业化、商业化和全球化发展铺平了道路。在全球体育史上，篮球的初创时期无疑是一个标志性的篇章，它揭示了一项运动从诞生到流行的基本路径和内在逻辑，也预示着篮球运动未来的辉煌和影响力。

（二）专业化与商业化时期

篮球运动的专业化与商业化时期是一段承前启后的关键历程，在此时期不仅提升了篮球的竞技水平，还使篮球成为一项全球性的商业现象。赛场上的精彩表现、商业运作的成功以及国际篮球舞台的拓展，共同推动篮球运动走向了一个全新的时代。这一时期为篮球未来的全球化扩展和现代化发展打下了坚实的基础，使篮球真正成为全球范围内较受欢迎的体育项目之一。

1946 年，全美篮球协会（Basketball Association of America，BAA）的成立标志着篮球运动进入了专业时代。1949 年，由 BAA 和国家篮球联盟（National Basketball League，NBL）结合起来的职业篮球联赛也就是当今世界最伟大的篮球职业联盟“美国篮球职业联盟”（National Basketball Association，NBA）终于诞生了。① 这一创立推动了篮球运动在美国的职业化，为其他地区的职业篮球发展提供了范例。NBA 在 20 世纪 50 年代到 60 年代经历了许多重要的改革和创新，如赛季安排、比赛规则、球员工资等方面都得到了调整和完善。与此同时，电视媒体的崛起也为篮球的商业化提供了契机。电视转播使篮球赛事触及更广泛的观众，商业赞助和电视权益也逐渐成为篮球赛事的重要收入来源。在这一时期，国际篮球联合会（Fédération Internationale de Basketball，FIBA）也在积极推动篮球运动的专业化。1950 年，FIBA 建立了世界篮球锦标赛，吸引了全球范围内的顶级球队参与。世界篮球锦标赛成为国际篮球的顶级舞台，进一步推动了篮球运动的专业化进程。在美国职业篮球协会（American Basketball Association，ABA）的推动下，篮球在商业化方面也取得了许多重要突破。ABA 在赛场上引入了许多富有娱乐性的元素，如三分球和扣篮大赛，使篮球比赛更具观赏性。ABA 的创新理念对 NBA 产生了深远影响，许多元素都被 NBA 所借鉴和吸收。到了 20 世纪 70 年代，NBA 的商业化运作已经逐渐成熟，媒体传播使其影响力迅速增加。球员如比尔·拉塞尔（Bill Russell）、贾巴尔（Kareem Abdul-Jabbar）、魔术师约翰逊（Earvin Johnson）等成了篮球场上的巨星，他们不仅展示了篮球的竞技魅力，还将篮球推向了更广阔的社会舞台。球员代言、商业赞助、电视

① 唐建倦．现代篮球运动教程：理论 方法 实践 [M]．广州：华南理工大学出版社，2014：30.

收入等逐渐构建起了完整的商业体系，使篮球运动不仅是一项体育竞技，还成为一项产业。

（三）全球化扩展时期

全球化扩展时期是篮球运动发展的一个里程碑。它不仅改变了篮球的竞技格局和商业模式，还推动了篮球文化的全球化传播和交流。在这一时期，篮球不仅是一项体育运动，还是一种全球文化现象和社会力量。它架起了东西方的桥梁，联结不同文化和社区，也为全人类提供了共同的精神追求和文化体验。

NBA 的全球化扩展计划起到了关键作用。在 20 世纪 80 年代到 90 年代，NBA 借助卫星电视和多媒体平台，在全球范围内传播赛事内容。这种传播迅速突破了地域和文化障碍，使篮球迅速成为全球范围内较受欢迎的运动之一。迈克尔·乔丹（Michael Jordan）等篮球巨星的崛起也提升了 NBA 的全球影响力，将篮球推向了一个新的高度。FIBA 的努力也为篮球的全球化扩展提供了有力的支持。1992 年，FIBA 解除了对职业球员参与国际赛事的限制，使 NBA 的职业球员得以参加奥运会。这一决策改变了国际篮球的竞技格局，也进一步提升了篮球在全球范围内的竞技水平和观赏价值。与此同时，许多国家和地区也开始积极投入篮球运动的推广和发展中。欧洲、南美洲和亚洲等地区都涌现出了一批优秀的篮球运动员和强大的篮球队伍。这些新兴力量与传统篮球强国的竞争，进一步丰富了国际篮球的竞技内容，也推动了篮球在全球范围内的多样化发展。

全球化扩展时期还实现了篮球文化的全球化传播和交流。NBA 的文化符号和篮球明星逐渐成了全球范围内的流行文化现象，篮球鞋、篮球衣和各类篮球用品也成了时尚元素。篮球场上的竞技风采和篮球文化的娱乐价值相互融合，为全球观众提供了独特的文化体验。篮球的全球化扩展还体现在基层和草根层面。在许多国家和地区，篮球已经成为一项大众运动，吸引了大量的年轻人参与。学校、社区和街头篮球场成了篮球文化的重要载体，篮球运动的普及和推广也得到了各方的支持和鼓励。全球化扩展时期的篮球运动，不仅在职业赛场上取得了辉煌的成就，还在全球范围内构建了广泛的社会和文化网络。NBA 和 FIBA 的成功经验、新兴篮球力量的崛起、篮球文化的全球传播，以及基层篮球运动的普及和扩展，共同描绘了篮球全球化时代的完美画卷。

（四）现代化发展时期

这一时期篮球运动不仅在竞技、商业、全球化方面取得了卓越成就，还在科技、管理、社会责任等方面展示了现代化的特征。篮球的竞技现代化在这一时期得到了显著体现。球员训练、战术理念、比赛分析等方面都得到了科技的支持和创新。数据分析、生物力学研究、虚拟现实训练等现代科技手段被广泛运用于篮球运动中，使得球员的训练更加精确，战术布置更加科学，赛事观察更加深入。商业方面的现代化也是这一时期的显著特点。在全球化扩展的基础上，篮球运动的商业运作更加成熟和精细。媒体权益、球员代言、球队品牌、场馆经营等方面都展示了现代化的商业理念和模式。与此同时，新兴的社交媒体和数字平台也成了篮球商业化的重要渠道，推动了篮球赛事内容的创新传播和消费体验。全球化方面，现代化发展时期实现了篮球运动在更广泛的地域和文化范围内的推广和影响。非洲、中东、东南亚等新兴市场逐渐成了篮球运动的重要力量。全球范围内的草根篮球计划、国际篮球夏令营、篮球文化交流活动等也得到了积极推动，使篮球真正成为连接不同文化和社区的全球语言。

现代化发展时期还体现了篮球运动的社会责任和公益特质。许多篮球组织、球队、球员都积极投入社会公益和慈善事业中。篮球运动不仅是一项娱乐和竞技活动，还是社会建设和人类发展的重要力量。管理方面的现代化也是这一时期的重要内容。许多篮球组织开始采用现代企业管理模式，推动组织治理、人才培养、品牌塑造等方面的提升。与此同时，反兴奋剂、公平竞赛、球员权益等方面的管理也得到了进一步加强，确保篮球运动健康、可持续发展。

现代化发展时期的篮球运动，将科技、商业、全球化、社会责任、管理等多个方面紧密结合，展示了篮球运动的综合性和多元化风采。在这一时期，篮球不仅继续在职业赛场上创造辉煌，还在文化、社会、科技等方面取得了丰富的成果。

第二节　高校篮球运动的发展情况

高校篮球运动作为一项广泛开展的体育运动，不仅涵盖了竞技、娱乐、教育等多个方面，还成为展现学生精神风貌和校园文化的重要窗口。其发展历程丰富多彩，反映了中国高校体育教育的成长。

一、高校篮球运动的发展阶段

高校篮球运动的发展不仅推动了篮球运动在国内的普及，为职业篮球运动输送了大量人才，还通过与社会的深度融合推动了教育改革和社会进步。这一历程是丰富多彩的，每一个阶段都承载着不同的使命和期许。高校篮球运动的成功经验为其他体育项目提供了宝贵的借鉴，也为中国体育的未来发展铺平了道路。无论是在校园还是在社会，篮球已经不仅仅是一项运动，而是一种文化、一种精神、一种追求，体现了新时代中国青年的风采和力量。高校篮球运动大致可以分为以下四个发展阶段（见图 1–1）。

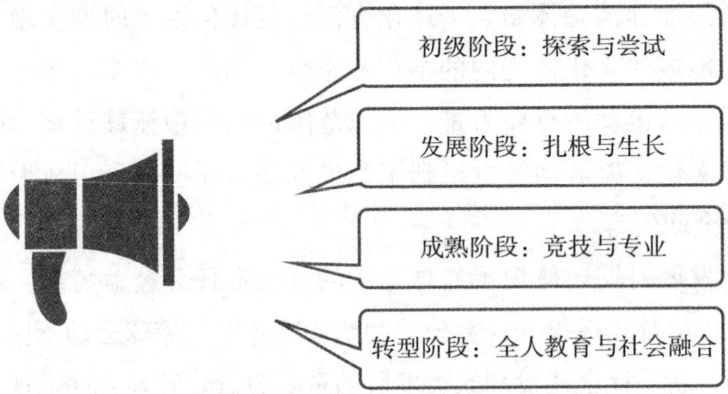

图 1–1　高校篮球运动的发展阶段

（一）初级阶段：探索与尝试

高校篮球运动的初级阶段是探索与尝试的时期，这一阶段展现了中国高校篮球运动的渐进式成长。自篮球传入中国后，其在学校的地位逐渐确立，而高校则成了这项运动的摇篮。

20 世纪初，篮球这项新兴运动逐渐在国内高校中流行起来。与西方国家相比，中国的篮球运动起步较晚，但学生对这项富有创造性和竞技性的运动表现出了较大的兴趣和热情。这一时期的高校篮球更多作为课外活动和体育课的一部分，强调的是学生的身体锻炼和团队协作能力的培养。这一阶段的高校篮球运动的设施和培训相对较为初级，学生更多是通过自我学习和模仿来掌握篮球的基本技能。教练队伍和教学方法也在不断摸索和完善中。虽然这一阶段的高校篮球运动并未走向专业化，但它为日后的发展奠定了基础。此时的高校篮球比赛多是校内赛事，组织严密的比赛体系和专业的裁判团队较少。但学校之间的友谊赛也不时进行，促使了篮球在校园中的进一步推广。学校与学校之间的交流逐渐增多，篮球的竞技水平也在不断提升。在教育理念方面，一些有远见的学校和体育教师意识到，篮球不仅仅是一项运动，更是一种可以培养学生团队精神、自信心和意志力的有效手段。因此，他们积极探索如何将篮球更好地融入校园文化中，通过篮球培养学生的全面素质。

随着篮球在校园的逐渐普及，一些地方政府和教育部门也开始重视高校篮球运动的发展，投入更多的资源进行支持。虽然这一阶段的投入相对有限，但对推动高校篮球运动的发展起到了积极作用。

（二）发展阶段：扎根与生长

这一时期的高校篮球运动发展可谓是全方位、多层次的。高校篮球不仅在硬件设施、课程体系、教练培训和竞赛机制等方面取得了显著进展，还在社会文化层面产生了深远的影响。这些因素共同推动了高校篮球的扎根与生长，为中国篮球的专业化和全面发展奠定了坚实的基础。

1. 设施建设的改善和投入

在这一阶段，许多高校投入大量资金和资源来改善、扩建篮球场地和训练设施。标准化的篮球场地，先进的训练设备，以及专门为篮球运动设计的训练场所，无疑是篮球运动发展的物质保障。这些设施的建设不仅为学生提供了优越的训练环境，还为教练和工作人员提供了方便的工作条件。高校的设施投入是篮球文化落地的重要环节，标准化的场地让运动员能在符合比赛标准的环境中进行训练，更好地适应比赛节奏。先进的训练设备如力量训练器械、灵活性训练设备等，使运动员的身体素质得到全方位的提高。这一切共同为高校篮球运动的快速发展提供了良好的物质基础。

2.课程安排的专业化

许多高校不仅将篮球纳入体育课，还开设了专门的篮球选修课程。这种课程安排不仅使得对篮球有兴趣和天赋的学生得到了更专业的指导和训练，还推动了篮球教育的专业化和系统化进程。专门的篮球选修课程不仅包括基础技能训练，还涵盖了战术理解、体能训练、心理素质培养等多个方面。这一综合体系使篮球教育不再是单一的技能训练，而是一门多维度、全方位的教育体系。教练的专业素质得到了提高，教学内容也更加丰富多样，为学生提供了更广阔的学习空间。

3.教练培训的深入和拓展

教练的专业水平在篮球运动中起着至关重要的作用。训练高水平的教练不仅有助于提高球员的水平，还可以为篮球运动的整体发展提供保障。在高校篮球运动的扎根与生长阶段，许多学校开始重视教练的培训和引进，使教练队伍的整体素质得到了显著提高。教练培训的深化主要体现在教学内容的丰富和教学方法的创新。许多学校开始引进国外的教练培训体系，结合自身实际进行本土化改造。教练培训不仅涵盖了篮球技能、战术知识等基础内容，还包括了心理学、人体生理学、运动训练学等多学科交叉的内容。这一全方位的培训体系有助于培养具有国际视野和先进理念的教练人才。教练培训的拓展则体现在培训的普及化和专业化。一方面，许多学校开始设立专门的教练培训课程，通过定期培训、工作坊等形式，使更多的人有机会参与教练培训。另一方面，加强了针对高水平教练的培训，通过引进国外教练、与职业俱乐部合作等方式，为高校培养了一批高水平的教练人才。

4.高校篮球联赛的兴起

从校内赛事到校际联赛，再到全国性的高校篮球联赛，篮球赛事呈现出蓬勃发展的势头。联赛不仅为学生提供了展示自己的舞台，还促进了校园篮球文化的形成和发展，推动了篮球水平的整体提升。高校篮球联赛的举办激发了学生对篮球的兴趣和参与热情，比赛成了学生展示自己、锻炼能力的重要途径。更为重要的是，联赛提供了发现人才的平台，为职业篮球界输送了大量优秀的人才。高校篮球联赛还有助于构建高校之间的沟通与交流机制。各高校通过联赛，可以分享教练资源、训练方法、组织经验等，共同促进篮球运动的发展。

（三）成熟阶段：竞技与专业

进入 21 世纪的成熟阶段，高校篮球运动展示了前所未有的活力和影响力。这一时期的高校篮球运动融合了竞技、教育、文化、商业等多方面的要素，成了不可忽视的社会现象。

在教练队伍的专业化方面，许多高校开始聘请具有专业资格的教练，他们不仅拥有丰富的篮球训练经验，还精通先进的科学训练方法。学生通过个性化的训练计划，篮球技能得到了提升。联赛体系的完善与规范化也是这一阶段的显著特点之一。从校级到省级，再到全国级，各级赛事纷纷涌现。赛事的组织严密、规范，为观众提供了专业级别的比赛现场体验。媒体的广泛关注与宣传更为高校篮球运动增添了光彩。无论是电视、网络直播还是社交媒体，都为赛事的报道与推广提供了丰富的渠道。这种全方位的媒体覆盖使篮球运动的影响力达到了空前的高度。与教育的紧密结合也使高校篮球运动别具特色。篮球课程成为体育教育的重要组成部分，目的不仅在于培养篮球技能，更在于通过篮球运动培养学生的团队合作精神、竞争意识、自信心和社交能力。商业化运作的兴起则推动了篮球运动的长远发展。企业通过赞助、广告等方式，与高校篮球建立了合作关系。这种合作不仅为高校篮球提供了资金支持，还为篮球运动的商业化铺平了道路。运动设施的现代化与人才培养体系的完善同样是这一阶段的重要成就，现代化的篮球场馆为训练与比赛提供了良好的条件，人才培养体系的完善则为优秀学生提供了更广阔的发展空间。

（四）转型阶段：全人教育与社会融合

在高校篮球运动的转型阶段，其由竞技体育向全人教育与社会融合发生了重要转变。这一转变既体现了学校对学生全面发展的重视，也展示了学校对社会责任的担当。高校篮球运动在此阶段不仅推动了学生的全面发展，还促进了学校与社会的紧密连接，成了推动学校、学生和社会共同进步的重要力量。这一阶段的高校篮球运动是一次有益的探索和实践，为体育运动与教育、社会的深度融合提供了有益的经验和启示。在全人教育方面，篮球运动不再仅关注比分和技能，而是将培养学生的品格、情感、价值观和社交能力放在了首位。学校倡导通过篮球运动培养学生的团队精神、领导能力、沟通技巧和创造力，训练与比赛的过程被视为提高学生自我管理、自我激励和自我反思能力的机会。社会责任方面，高校篮球运动成了学校履行社会责任、推动社会进步的手段之一。许多学校与企业、社区开展合作，通过篮球运动推动校企共建、社会服务等方面的创新。例如，一些学校通过篮球项目推动了地方体育事业的发展，也为企业提供了展示社会责任的平台。

高校篮球运动的转型还促进了学校、学生和社会之间的连接。在此过程中，学生不再是被动的学习者，而是主动的参与者和合作者。他们通过篮球运动与社会互动，学习并实践社会责任和公民精神。与此同时，学校也得以借助篮球运动进一步融入社会，促进学校文化与社区文化的交流与互动。篮球运动作为连接学校、学生和社会的纽带，不仅增强了学生的社会参与感，还推动了学校与社会的互动与合作。许多学校通过举办篮球比赛和活动，为社区居民提供了交流和娱乐的平台，也为学生提供了与社区互动的机会。这一阶段的高校篮球运动还助推了学校与社会的共同进步，学校和企业、社区的合作为当地的体育事业和经济发展带来了新的活力和机遇，学生的全面发展又为社会培养了一批具备全面素质的年轻人才。

二、高校篮球运动的特点

高校篮球运动以其独特的特点深入校园生活的各个方面，既满足了竞技追求，也服务于教育目标，同时展现了现代化、全球化的特质，体现了其在现代高等教育体系中的重要地位和价值。高校篮球运动的特点主要体现在以下五个方面（见图 1–2）。

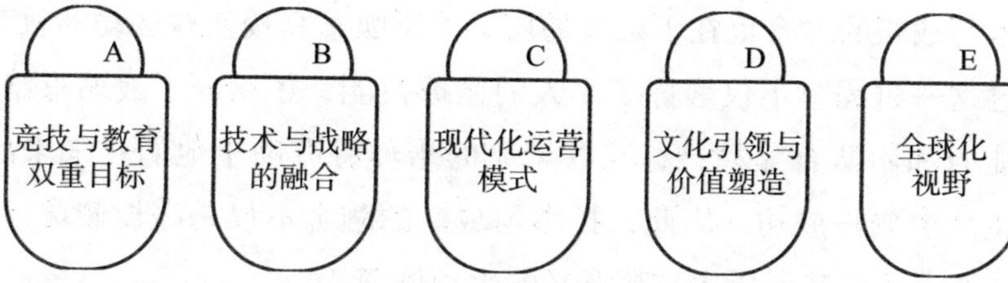

图 1-2　高校篮球运动的特点

（一）竞技与教育双重目标

高校篮球运动这一特质的根本在于，它不仅是一项竞技体育，还是一项教育活动。在追求胜利和卓越的同时，高校篮球也强调学生的全面素质培养。竞技目标的追求推动了高校篮球运动水平的不断提高。从选拔人才、培训教练、设施建设到赛事组织，每一个环节都要求专业、科学、精确。训练和比赛让学生体验到努力、拼搏、团结、合作的力量，也让他们明白只有通过不懈努力，才能在竞技场上取得成功。教育目标的追求则让高校篮球具有了更深远的意义。运动不再仅仅是一场比赛的胜负，更是一次人格培养和价值引导的过程。学生通过篮球，学会了怎样合作、怎样沟通、怎样承受压力、怎样面对失败，这些都是他们未来人生道路上应该具有的重要素质。

（二）技术与战略的融合

在高校篮球运动中，技术与战略的融合体现了运动的复杂性和智慧。从初级训练到高水平比赛，技术的学习与运用都是基础和关键。但是，高校篮球不仅仅关注技能的磨炼，更注重如何将这些技能与有效的战略相结合。教练在分析对手的基础上，会根据自身团队的特长和整体优势来制定战略。这涉及攻击方式的选择、防守组织的安排，或者针对特定对手的特殊战术。运动员不仅要执行这些战略，还需要根据比赛实际情况做出快速调整。战略层面的思考也强调了团队合作和协同作战的重要性。每一个运动员都要理解自己在整体战略中的位置和作用，并学会与队友沟通和协作，共同实现战略目标。单个运动员的出色表现会带来一时的成功，但只有整个团队的紧密配合和战略执行，才能在更高层次的竞争中取得胜利。

技术与战略的融合也在更宏观的层面上反映了高校篮球运动的教育价值。学生通过这一过程，不仅锻炼了个人的篮球技能，还培养了战略思维、解决问题的能力和团队合作精神，这些素质的培养将有助于他们在未来的学习、工作和生活中取得成功。因此，技术与战略的融合不仅是高校篮球运动的一项核心特点，还是其深层次教育意义的生动体现。

（三）现代化运营模式

高校篮球运动现代化运营模式的核心在于将专业运动赛事与商业元素相结合，形成了一个多元化、互动性强的综合体系。在赛事组织方面，现代化运营模式强调了比赛的专业性和规范性。高校通过引进先进的设备和设施、聘请专业的教练和裁判人员、设立严格的比赛规则和制度，使高校篮球赛事的水平和观赏性得到了显著提升。这样的赛事组织确保了比赛的公平性和公正性，也为运动员和观众提供了更好的体验。在商业赞助方面，现代化运营模式促进了高校篮球与商业社会的紧密结合。企业和商业机构的赞助为赛事提供了资金支持，也使高校篮球赛事具备了更广泛的商业价值。这不仅可以推动篮球运动的发展，还可以促进学校与社会的互动和合作。在媒体宣传方面，现代化运营模式强调了高校篮球赛事的社会影响力。高校篮球赛事通过电视、网络、社交媒体等多种渠道的宣传，其影响力不仅仅限于校园，更能拓展到社会各个层面。这样的媒体宣传有助于吸引更广泛的观众关注，也为篮球运动带来了更多的机遇和资源。

（四）文化引领与价值塑造

篮球运动在高校中具有特殊的文化引领和价值塑造功能。这一特点不仅体现在赛场上，还渗透到学生的日常生活和人格培养中。文化引领方面，高校篮球通过赛事的组织和推广，传播了一系列积极向上、勇敢拼搏、团结协作的价值观念。这些价值观念不仅在赛场上得到了体现，还影响了学生的学习和生活态度。学校通过篮球运动，可以促进学生形成积极健康的人生观和价值观。价值塑造方面，篮球运动为学生提供了实际操作和体验的机会，在赛场上的拼搏和合作、输赢的经历成了学生人生教育的重要部分。学生通过这些经历，学会了如何面对挑战、如何与人合作、如何承担责任，不仅丰富了学生的人生阅历，还对其人格的塑造起到了重要作用。

（五）全球化视野

高校篮球运动通过各种方式实现了与世界的连接，打破了地点的界限，成为国际文化交流和理解的桥梁。学校通过组织学生参与国际赛事不仅提高了学生的竞技水平，还为学生提供了与不同文化背景的人互动和交流的机会。在国际赛场上学生可以直接感受到不同国家和地区篮球文化的特点，增进了对不同文化的理解和尊重。与国际学校的交流也是高校篮球运动展示全球化视野的重要方式。学生通过定期的友谊赛、联赛等活动，不仅在技术和战术上有所成长，还能与来自不同国家和文化的学生建立友谊，学习国际交往礼仪和沟通方式，增强了学生的国际意识和跨文化沟通能力。

全球化视野的展现还体现在学校对篮球课程的设计和内容上。许多学校引入了国际先进的篮球教学理念和方法，聘请了具有国际背景的教练，使教学内容更加符合国际标准。这不仅提高了教学质量，还使学生在学习篮球的过程中培养了国际化的视野和思维方式。高校篮球运动的全球化视野还促进了国内外高校之间的合作与发展。不少学校通过建立合作关系，互相派遣学生和教练进行交流学习、开展研究项目等，共同推动篮球运动的发展和创新。

三、高校篮球运动的影响力

高校篮球运动在多方面展现了其广泛的影响力，涉及教育、社会、文化、经济等多个层面（见图 1–3）。

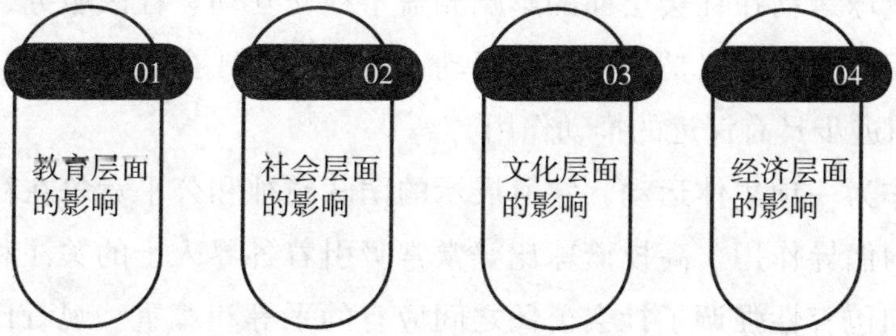

图 1–3　高校篮球运动的影响力

（一）教育层面的影响

高校篮球运动在教育层面的影响体现在学生身心健康的促进、个人综合素质的提升、团队精神的培养以及学校形象的塑造等多个方面。它不仅仅是一种简单的身体锻炼方式，更是一种教育手段，对于培养新一代年轻人的全面发展具有不可忽视的作用。

从最直接的层面来看，高校篮球运动可以为学生提供一个锻炼身体的平台，对于促进学生身心健康有着积极的作用。学生通过篮球运动，可以释放课堂学习的压力，增强体魄，全身心投入学习中。高校篮球运动不仅仅是一项体育活动，更是一种教育工具。在比赛中，学生需要学习合作、沟通和团队协作，这对于学生未来进入社会的人际交往能力有着深远的培养作用。在比赛中失败时，学生要学会坦然接受，从中吸取教训，锻炼自己的意志品质；在比赛中获得胜利时，学生也要学会用平常心对待，养成谦虚谨慎的好习惯。高校篮球运动还在促进学生个人综合素质的提升方面起到了重要作用。学生通过这样的体育活动，可以发现自己在运动方面的兴趣和天赋，这对于培养学生多元化的兴趣爱好，提升综合素质有着直接的助益。篮球运动还有助于树立学校的良好形象。一个有着活跃的篮球氛围的高校，往往能够吸引更多热爱体育的学生。学校通过篮球运动，可以宣扬积极向上、健康生活的理念，为学生提供更丰富多彩的校园生活，从而提高学生对学校的满意度和归属感。

（二）社会层面的影响

高校篮球运动在社会层面的影响涵盖了社交互动、社区服务、道德风尚等多个方面，它不仅仅是一项体育运动，更是一种社会文化现象，对于社会和谐、文明进步具有深远的推动作用。

篮球作为一项集体运动，它所展示的团队精神和公平竞争在社会范围内有着广泛的倡导作用。高校篮球比赛常常吸引着各界人士的关注和参与，它的公开性和包容性强调了社会公民之间应有的平等和尊重。观看比赛的人不仅能从中获得娱乐和享受，还能从中汲取团结协作、公平竞争的精神内涵。

高校篮球运动还能够建立一种积极的社交网络。与人争论比赛的输赢、分享比赛的精彩瞬间，都能增进人们之间的互动和沟通，打破陌生和疏离感，让人们在篮球这一共同话题下拉近距离。高校篮球运动还在社区服务方面起到了积极作用。很多学校会组织学生到社区开展篮球培训和活动，让更多社区居民参与到篮球运动中来。这种互动不仅能让学生懂得责任和付出，还能让社区居民感受到运动的乐趣和活力，有助于构建和谐的社区关系。高校篮球运动对于社会道德风尚的培育也有着独特的作用。在比赛中，遵循规则、尊重裁判、尊重对手等都是基本的道德要求。这些要求不仅仅局限于球场，更是一种社会行为的指导原则。高校通过篮球运动的推广，可以在全社会范围内弘扬这种正直、公正的道德风尚。

（三）文化层面的影响

高校篮球运动在文化层面的影响是多方面和深刻的，涉及的范围既广泛又复杂。首要考虑的是篮球运动所承载的体育精神。在高校篮球赛场上，体现了奋斗、拼搏、团结与公平的精神面貌。这些都是体育精神的核心部分，也与人们普遍接受的文化价值观相一致。高校通过篮球运动的普及，有助于在年青一代中弘扬这些正面价值观。篮球作为一项全球流行的运动也有助于推动文化的全球化。高校篮球队常常会与其他国家和地区的校队进行友谊交流赛，这不仅增进了中外友谊与理解，还促进了不同文化背景下人们的交流与沟通。这样的跨文化交流可以让学生开阔眼界，理解和接受不同的文化传统和价值观念。篮球运动还成了当代青年文化的一部分。在许多高校中，篮球运动已经成为校园文化的一部分，与音乐、艺术、学术等一同构成了校园文化的多元化格局。在一些地区，篮球更是与地方文化紧密相连，形成了具有地域特色的文化符号。这种文化的互动和交融让篮球运动成为连接不同文化背景人群的桥梁。篮球运动也是媒体和流行文化的重要部分。许多高校篮球赛事成了电视和网络的热门话题，引发了广泛的社会关注和讨论。一些出色的高校篮球运动员甚至还成了公众人物和偶像，他们的言谈举止都成为年轻人模仿的榜样。篮球运动通过这些渠道，成了推动流行文化发展的重要力量。

篮球运动还促进了不同文化层次间的交流与互动。在篮球场上，来自不同学科背景、社会阶层、文化传统的人们都可以在同一个赛场上竞技和交流。这样的互动有助于打破文化隔阂和偏见，促进不同文化层次间的理解和融合。

（四）经济层面的影响

高校篮球运动在经济层面的影响是全方位和多层次的，涉及体育产业、人才培养、旅游业、企业合作和城市品牌等多个方面。高校篮球运动通过这些方向，不仅为自身的发展创造了条件，还为整个经济体系的增长和多元化做出了贡献。其中明显的一点是对于体育产业的推动作用。高校篮球赛事吸引了大量观众的眼球，从而推动了票务、广告、转播权等的销售。这些经济活动不仅增加了高校的收入，还带动了周边的体育用品销售、餐饮业等相关产业的发展。高校篮球运动也是人才培养的重要渠道。许多专业篮球运动员就是从高校篮球队中脱颖而出的。这些人才的培养不仅对于篮球运动的未来发展具有重要作用，还是体育产业持续增长的关键因素。通过高校篮球运动的扶植，可以为体育产业提供源源不断的人才支持。高校篮球运动还能带动旅游业的发展。有些高校篮球赛事具有相当的影响力，吸引了不少远道而来的观众。这些观众在观赛之余，也选择在当地进行观光旅游，从而促进了当地旅游业的发展。高校篮球运动也促进了与企业的合作与投资。许多企业愿意赞助高校的篮球赛事，以此提高自己的知名度和形象。这种合作不仅给高校带来了资金支持，还有助于促进学校与企业之间的合作与交流，打造产学研一体化的合作模式。高校篮球运动还有助于城市品牌的塑造。活跃的高校篮球赛事氛围，可以增强城市的活力和吸引力，从而提高城市的知名度和形象，有助于吸引更多的投资和人才。

第三节　高校篮球精神文化的构建

高校篮球精神文化的构建不仅是体育运动的推广，还是一种全方位的教育实践。它涉及学生身心的发展、团队合作精神的培育、领导能力的锻炼，以及对公平竞争、尊重和自律等价值观念的弘扬。这一过程需要遵循一定的原则，构建具体的策略来助力高校篮球精神文化的发展。

一、高校篮球精神文化构建的原则

在高校篮球精神文化构建的过程中，需要遵循以下三个原则（见图 1-4）。

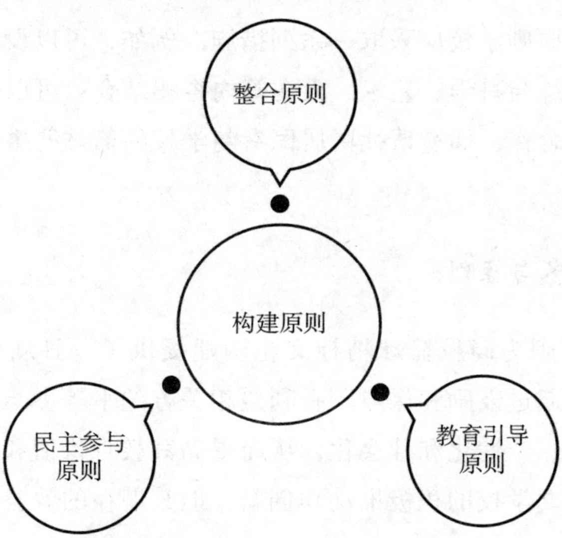

图 1-4　高校篮球精神文化构建的原则

（一）整合原则

整合原则为高校篮球精神文化的构建提供了指导。它强调篮球活动不应是孤立的、单一的，而应与学校的教育、体育、文化等多个方面相互融合、相互促进，从而将篮球的教育价值和文化影响最大化。通过整合原则，篮球活动不仅能丰富校园生活，还能成为推动学生全人发展、传播学校文化、服务社区发展的重要力量。

在高校中篮球不仅是一项运动，还是一种教育手段和文化载体。整合原则要求篮球活动的组织和实施与学校的整体教育目标和文化理念相协调。这意味着篮球活动不应只追求竞技成绩，而应兼顾培养学生的多方面素质，如体育能力、团队协作精神、领导力等。整合原则还强调篮球活动与学校其他教育内容的协同作用。篮球训练和比赛可以与课堂教学、社团活动等方面相结合，以更丰富、更灵活的方式推动学生的全面成长。例如，篮球活动可以与心理健康教育相结合，帮助学生增强自信、减压、培养坚忍不拔的精神。整合原则还要求篮球活动与学校的社区和地域文化有机结合。学校可以通过篮球活动展示自身的特色和优势，与周边社区建立联系，共同推动地方文化和教育的发展。

要实现这一原则学校应采取一系列措施。例如，可以设置跨学科的篮球课程，将篮球训练与科学、艺术、人文等内容相结合；可以通过篮球活动促进学校与社区的合作，如邀请社区居民参与学校的篮球赛事，共同举办篮球文化节等。

（二）民主参与原则

民主参与原则为高校篮球精神文化构建提供了一种新的、更加人性化的路径。该原则通过鼓励和保障所有利益相关方的平等参与，有助于实现篮球活动的多元化、个性化和社会化，从而提高其教育价值和社会影响力。这一原则的实施需要学校的积极推动和创新，但其潜在的效益和意义值得努力追求。

民主参与原则的核心是打破传统的自上而下的组织模式，倡导更平等、更开放的参与机制。在具体实践中，这意味着学校需要提供多样化的篮球活动，确保不同年龄、性别、背景和兴趣的学生都能找到适合自己的参与方式。学校还应鼓励学生参与篮球活动的策划和组织。例如，可以通过学生团体、代表大会等方式，让学生为篮球赛事的规则、时间、地点等提供建议和反馈。这不仅有助于培养学生的组织协调能力，还能确保篮球活动更贴近学生的实际需求和兴趣。教职工和校友等其他利益相关方也应参与篮球活动的决策，他们的经验和专业知识可以为篮球活动的组织提供宝贵的意见，他们的参与还可以加强学校与社区、企业等外部利益相关方的联系，有助于资源共享和合作。民主参与原则还要求篮球活动的组织和实施应遵循公开透明的原则。学校应定期公布篮球活动的计划、进展、成果等信息，接受社会的监督和评价。这有助于增加篮球活动的公信力，确保其真实反映和满足各方的利益和期望。民主参与原则还与教育公平紧密相关。学校通过提供平等的参与机会，可以确保所有学生都能从篮球活动中受益，无论他们的经济、社会、文化背景如何。这对于减少教育不平等、促进社会包容和谐具有重要意义。

（三）教育引导原则

教育引导原则为高校篮球精神文化的构建提供了重要的方向。它将篮球活动与教育目标紧密连接，强调篮球不仅是一项运动，还是一种教育工具，能够通过积极引导，塑造学生的品质，传递正向的价值观，为学生的全面成长提供支持和启示。高校通过恰当实施这一原则，有助于使篮球活动成为校园文化的有机组成部分，深化其在教育、社会等方面的影响。

篮球活动具有竞技、合作、挑战等特性，是培养学生自信、坚韧、团队精神的良好途径。教育引导原则要求学校不仅重视篮球技能的培训，还要关注其对学生心智、情感、道德等方面的塑造。在实际操作中，教育引导原则可以通过多种方式实现。例如，教练和教师可以在训练中强调公平竞赛、尊重对手的重要性，通过示范和引导，让学生在比赛中展现体育道德。此外，学校还可以通过设立奖项、举办主题活动等方式，激发学生的社会责任感和公民意识。教育引导原则也强调篮球活动应与学校的整体教育目标相一致。篮球训练不应仅是提高竞技水平的手段，而应成为推动学生全面成长的平台。这需要学校、教练和教师共同努力，确保篮球活动的设计和实施与学校的教育理念和学生的发展需求相匹配。不同的学生有不同的兴趣、能力和需求，教育引导原则强调的是提供个性化的支持和引导，让每个学生都能在篮球活动中找到适合自己的角色和价值。

二、高校篮球精神文化构建的具体策略

高校篮球精神文化的构建不仅可以促进篮球运动的普及和发展，还可以增强学生的团队协作能力、竞技精神和身体素质。以下是高校篮球精神文化构建的具体策略（见图 1–5）。

图 1-5　高校篮球精神文化构建的具体策略

（一）明确目标与价值观念

明确目标与价值观念是高校篮球精神文化构建的基础和核心。它涉及篮球运动的方方面面，关系着每一个参与者的成长和发展，影响着整个篮球运动的长远前景。只有不断地明确、强调和践行这些目标和价值观念，高校篮球运动才能真正发挥其应有的作用，成为学生身心成长的有力助推器。

篮球运动不仅是一项竞技体育，还体现了团队合作、坚持不懈、公平竞争等一系列的价值观念。而在高校层面上，篮球运动更多地融入了教育的内容，旨在通过体育运动培养学生的全面素质。明确目标与价值观念对于高校篮球的推广与发展至关重要，学生、教练、团队的目标需要清晰地体现在整个篮球活动的组织和实施中，其中包括对个人技能的提高、对团队合作精神的培养、对公平竞争观念的弘扬等。目标的明确可以帮助参与者更好地理解自己在整个体系中的角色和职责，从而更加有针对性地进行训练和比赛。它可以使学生更清楚地了解自己应该努力的方向，使教练更加准确地把握团队的培训重点，使学校和社会更有效地支持和推动篮球运动的发展。价值观念的确立则是对目标更深层次的引导和支撑。在训练和比赛中强调公平竞争、团队合作、自我超越等价值观念，不仅可以提高比赛的水平和观赏性，还能在更深层次上对学生的人格和精神进行塑造。学生通过参与篮球运动，可以更好地认识团队的重要性，了解努力和坚持的价值，体验公平和正义的力量。

目标与价值观念的明确还可以促进高校篮球与其他学科和活动的有机结合，包括与健康、科学、文化等方面的教育相结合，从而使篮球运动成为学校教育的有机组成部分，而不仅仅是一项体育活动。

（二）促进教育与团队合作

促进教育与团队合作是一个全方位、多层次的过程。高校篮球团队的教练和教育工作者应共同努力，确保篮球运动不仅是一种锻炼身体的方式，还是一个团队合作和个人成长的平台。篮球通过合理的教学方法、团队的建设活动、教练的专业指导和篮球教育的多元化展开，可以成为一种有力的教育工具，为学生的整体发展做出贡献。

1. 团队合作的心理机制与培养方法

团队合作不仅仅涉及个体之间的协同作战，更深层次地涉及了信任、理解、沟通、共享目标等心理过程。在高校篮球队中，队员需要相互信任，理解彼此的长处和不足，共同设定和追求目标。团队合作的培养并不是一蹴而就的，它需要长时间的锻炼和实践。教练可以通过一系列有针对性的团队建设训练来促进团队合作精神的培养。例如，教练可以通过协同完成的训练任务、团队合作的比赛环节等方式，让队员在实际操作中体验团队合作的重要性。心理辅导也是一种有效的手段，教练通过心理辅导可以解决队员间的人际冲突、增强相互之间的信任和理解。

2. 篮球教育的多元化展开

篮球作为一项全球流行的体育运动，在高校中的推广和发展不仅关乎竞技层面，还有深远的教育意义。学生通过篮球运动可以学到合作、竞争、责任、坚韧、毅力等重要品质，这些品质将伴随他们一生。高校篮球教育的多元化展开，需要教练具备教育意识和教育能力，将日常训练与教育有机结合，使篮球运动成为品格教育的载体。这涉及教练与教育专家的协同工作，通过制订训练计划等方式，确保篮球运动在增强身体素质、提高竞技水平的同时，成为学生心智成长的助推器。

3. 教练角色的重要性和职责

在促进教育与团队合作的过程中，教练的角色至关重要。教练不仅是篮球技术和战术的指导者，还是队员之间团队精神和协作精神的传递者。他们是激发学生进行积极互动、建立强烈团队意识的关键人物。教练的职责包括但不限于制订训练计划、安排比赛、进行技术指导、解答队员的问题，更重要的是，他们需要在队员之间建立信任、鼓励团队精神，甚至调解队员之间出现的冲突。教练应该是理解并实践教育目标的人，他们在向队员教授篮球技能的同时，要注重培养队员的团队协作能力，激发他们的团队精神。因此，教练需要不断提升自身的教育理念和教学技巧，这对于整个团队的发展有着重要的影响。

（三）组织多样化的比赛和活动

组织多样化的比赛和活动是高校篮球精神文化构建的重要组成部分。高校通过提供多样化的活动机会，有助于吸引更多的学生参与，培养他们的团队精神和社交技能，增强学校文化，并促进学校与社区的联系。

高校通过设计不同层次的比赛和活动，可以满足不同水平和兴趣的学生。这种做法鼓励了更多学生参与体育活动，不仅是为了竞争和胜利，还有助于发现和享受运动的乐趣。一些学生从未尝试过篮球，但通过设置不同级别的比赛，可以让他们找到适合自己的位置和参与的动力。此外，这样的多样化设置还鼓励了学生间的交流与合作，有助于培养团队精神和社交技能。跨学科整合也是一个重要的考虑因素。篮球不再是一项运动，而是与学校的其他学科如科学、健康和数学等紧密相连。这种整合方式使得篮球更具教育价值，可以用来教授学生有关身体健康、力量平衡、统计分析等方面的知识。篮球通过这种方式，成为一种学习工具，使得教育与运动的结合更加和谐。多样化的比赛和活动不仅仅限于校园内，通过开放给社区居民参与的方式，学校与社区之间的联系也得到了增强。学校不仅是学生学习的场所，还是社区的中心，让人们共同参与和享受篮球的乐趣。这种连接可以让学生更好地理解社交责任，也为社区居民提供了与年青一代交流的机会。组织多样化的比赛和活动也有助于加强学校的文化建设，无论是学生、教师还是家长，都可以通过参与这些活动来共享经历和价值观。这不仅增强了校园内的凝聚力和归属感，还有助于传递学校的核心价值观和使命。

（四）创建激励与知识体系

创建激励与知识体系是一项复杂的任务，需要教练、教师、学生和家长的共同努力和参与。篮球通过激励体系的实施，可以成为一种促进学生全力发展的有力工具，帮助他们在学术、社交和个人成长方面取得成功。这不仅有助于提高学生的篮球水平，还可以为他们的未来学习和职业生涯打下坚实的基础，使他们成为具备多元素质和综合能力的现代人才。

在高校环境中篮球不仅是一项运动，还是教育和成长的载体。教师通过设计和实施有效的激励与知识体系，帮助学生在篮球场上获得更广泛的经验和技能，这些经验和技能将使他们在学术和职业生涯中受益。一个重要的考虑因素是如何确保激励体系与每个学生的个人兴趣、需求和潜力相匹配。教师通过提供不同级别和类型的篮球活动，适应不同学生的技能水平和兴趣爱好，让每个人都找到自己的位置。教师应保证学生在参与篮球活动的同时，学到与之相关的理论知识和实践技能，如团队协作、领导力、战略思维等。

激励体系的创建还需要确保篮球与学术教育的紧密结合。篮球可以成为许多学科如统计学、物理学或健康科学的教学工具，帮助学生看到学术知识在现实生活中的应用，提高他们对学习的兴趣和积极性。学生通过篮球运动可以在与同伴互动的过程中学习合作、沟通和解决问题的技能。这不仅可以培养学生对篮球的兴趣，使他们更愿意长期参与，还可以促进他们的社交成长，培养团队精神和人际交往能力。有效的激励体系还要求有明确的奖励和认可机制。这不仅可以帮助学生赢得比赛或获得奖杯，还能认可和奖励每个人的努力和进步，即使是在比赛中失败的学生，也会因为他们在团队合作、自我改进等方面所做的努力而得到认可和鼓励。这样的激励与知识体系可以更好地整合篮球运动与学生的整体教育和成长经历。通过教练和教师的精心设计和持续支持，篮球不再仅仅是一项运动，而是学生学习、社交和个人发展的强大工具。

（五）平衡学术与运动的关系

平衡学术与运动的关系是一项复杂但至关重要的任务。高校通过强调学术和体育的共同价值和互补性，以及确保学生有足够的时间和资源来追求这两个方面的目标，可以实现这一平衡，并帮助学生在学术和体育方面取得成功。这样的平衡不仅有助于学生的整体成长和发展，还可以强化高校篮球精神文化构建的整体目标和愿景。学术和体育在许多方面都是相辅相成的。例如，体育锻炼可以使身体健康，提高注意力和专注力，从而有助于学术表现。与此同时，学术学习可以为运动员提供有关营养学、解剖学、心理学等方面的知识，有助于提高运动表现。

学术和体育之间的关系并不总是和谐的。对于许多学生来说，篮球和其他体育活动会占用大量时间和精力，从而对学术学习造成干扰。如果不加以适当管理，这种不平衡会导致学生在学术或体育方面的失败。要解决这一问题，高校必须采取一种有效的方法来确保学术和体育之间的平衡。这涉及强调学术和体育的共同价值和互补性，确保学生、教练和教师都理解并致力实现这一平衡。高校还需要确保学生有足够的时间和资源来追求学术和体育目标。这涉及调整训练和比赛时间表，以便与学术日程相协调，或者提供教育支持，如辅导或学习技能培训，以帮助学生更有效地管理他们的时间。

第二章　高校篮球运动教学方法的创新

第一节　任务驱动教学法的探索

任务驱动教学法是一种建立在建构主义学习理论基础上的教学法，它将以往以传授知识为主的传统教学理念，转变为以解决问题、完成任务为主的多维互动式的教学理念；将再现式教学转变为探究式学习，使学生处于积极的学习状态，每一位学生都能根据自己对当前问题的理解，运用共有的知识和自己特有的经验提出方案、解决问题。① 任务驱动教学法强调以实际任务为核心的教学设计和实施，突出学生的主动参与和合作学习，以及教学内容与现实应用的紧密结合。这种教学方法的运用，不仅有助于提高篮球技能教学的效果，还能培养学生的团队合作精神和解决问题的能力，从而为他们的全面发展奠定坚实的基础。

一、任务驱动教学法的基本理念

任务驱动教学法的基本理念涵盖了以学生为中心、强调实际操作、培养创造性思维和解决问题的能力、加强合作与沟通、教师角色的转变以及全面整体的学习视角（见图 2–1）。这些理念为高校篮球教学提供了全新的方向和视角，有助于实现教学目标、提高教学质量。

---

① 杨琳，李杰，王艳洁，等．成果导向课程体系的构建、开发与实施[M]．北京：冶金工业出版社，2020：127.

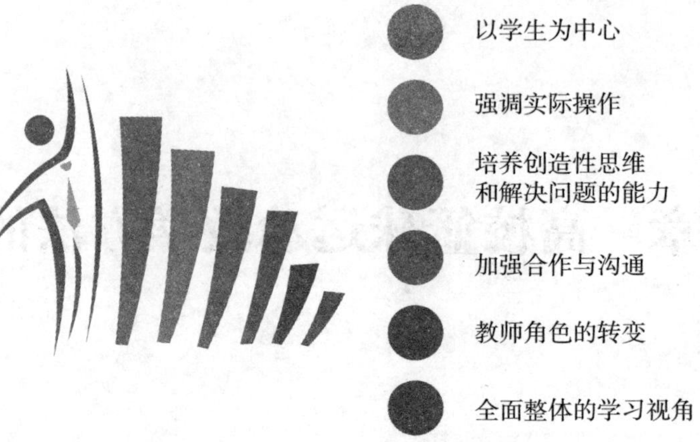

图 2-1　任务驱动教学法的基本理念

（一）以学生为中心

任务驱动教学法强调以学生为中心的学习方式，在篮球教学中体现得尤为突出。这种教学法认为学生是学习过程的主体，学生不仅是知识和技能的接受者，还是学习过程的积极参与者。与传统的以教师为中心的教学方式相比，以学生为中心的教学法更强调学生的兴趣、需求和能力，更加注重培养学生的创造性和探究性。

在高校篮球教学中，教师可以根据学生的兴趣和需求设计模拟比赛或技能训练任务。例如，教师可以通过让学生进行模拟篮球比赛，让学生在真实场景中学习和锻炼。这样不仅能够培养学生的团队合作精神，还能提升学生的竞技水平和应对压力的能力。学生通过实际的任务被引导主动参与学习，深入探究问题，形成自主学习的习惯。例如，教师可以给学生一个与篮球相关的研究课题，让学生通过实际观察、收集数据、分析问题等方式进行探究。在这个过程中，学生不仅能够提高篮球实战能力，还能锻炼独立思考和解决问题的能力。

（二）强调实际操作

任务驱动教学法注重实际操作，这在篮球教学中尤为重要。与传统的理论教学相比，实际操作更能让学生直观地理解和掌握篮球的基本技能和战略。

在篮球教学中强调实际操作意味着学生需要通过参与比赛、训练和其他实际任务来学习和掌握篮球的知识和技能。例如，教师可以组织学生进行篮球比赛，让学生在比赛中体验篮球的快乐，培养团队合作精神，提高竞技能力。这样的教学方式更能激发学生的学习兴趣，提高学生的学习动力。强调实际操作的教学法还可以让学生在实际应用中不断练习和改进。学生在比赛中会遇到许多未曾预料的情况，这就要求学生能够灵活运用所学的知识和技能来解决实际问题。在反复的实际操作中，学生的篮球技能和战略素养将得到提高。强调实际操作的教学法还有助于将理论知识与实际技能相结合。学生通过实际操作，可以将抽象的理论知识转化为具体的实践技能，使学习更加富有生活气息，更加贴近实际。

（三）培养创造性思维和解决问题的能力

任务驱动教学法在篮球教学中不仅注重技能训练和战略运用，还着眼于培养学生的创造性思维和解决问题的能力。任务的设计通常富有挑战性和开放性，要求学生运用自己的知识、技能和判断来完成。

在高校篮球教学中，教师可以通过设置一些需要学生自行规划战略的比赛或训练任务来刺激学生的创造性思维。例如，教师可以让学生自主设计比赛策略，在比赛中如何克服对方的防守、如何发挥自己团队的优势等。这些任务不仅能够锻炼学生的篮球战略规划能力，还能培养学生的创造性思维和创新精神。解决问题的能力也是任务驱动教学法在篮球教学中努力培养的素质之一。在比赛和训练中，学生会遇到许多不可预知的问题和挑战，这就要求学生能够灵活运用所学知识，积极寻找解决方案。学生通过反复实践和摸索，不仅能提高自己的篮球技能，还能锻炼自己独立思考和解决问题的能力。任务驱动教学法通过将创造性思维和解决问题的能力融入篮球教学中，不仅让学生在享受篮球运动的乐趣中提高自己的篮球技能，还能让学生在解决实际问题的过程中不断成长和进步。

（四）加强合作与沟通

篮球作为一项团队运动，合作与沟通自然成了篮球教学的核心内容之一。

任务驱动教学法强调，许多任务需要学生与队友或同学合作完成，这对于篮球教学尤为重要。在篮球教学中，学生需要与队友共同完成比赛或训练任务，这就要求学生学会倾听、沟通、协调和领导。例如，教师可以设计一些团队协作的篮球训练任务，让学生在合作中学会如何更有效地沟通，如何协调各自的职责和任务，如何共同达成目标，等等。加强合作与沟通不仅有助于学生提高篮球技能，还可以增强团队精神和沟通技能。团队合作能培养学生的责任感、合作精神和同理心；良好的沟通能力不仅有助于团队之间的信息交流，还能增进团队成员之间的理解和信任。在篮球比赛和训练中，学生不仅需要掌握篮球的基本技能和战略，还需要学会如何与人合作，如何有效沟通。这些能力不仅对篮球运动有着重要的作用，还对学生未来的学习和工作具有深远的影响。

（五）教师角色的转变

任务驱动教学法下，教师的角色发生了根本性的转变。传统的教学模式中教师主要作为知识的传授者，而在任务驱动教学法中教师更多地成为学生学习的引导者和协助者，这一转变主要体现在教师如何与学生互动。教师不再是单方面灌输知识的角色，而是通过设计具有挑战性且符合学生能力的任务，激发学生的学习兴趣和动力，帮助学生主动探索和学习。例如，在篮球教学中，教师可以通过设置不同难度的技能挑战任务，根据学生的能力水平提供个性化的指导和支持。在任务完成后，教师应给予及时的反馈和评估，帮助学生了解自己的优点和不足，并鼓励他们不断改进和提高。教师通过这样的教学方式，不仅能够更好地了解学生的需求和兴趣，还能更有效地推动学生的主动学习和自主成长，使学生在篮球技能的掌握上获得更加深入和全面的理解。

（六）全面整体的学习视角

任务驱动教学法强调全面整体的学习过程，这意味着学习不再仅仅局限于技能和知识的掌握，而是涉及学生的情感、态度和价值观的培养。在篮球教学中，这一理念的体现就是通过实际任务让学生体验成功与失败，学会责任、合作和尊重，培养积极的生活态度和价值观。例如，教师可以通过组织一场友谊赛让学生体验团队合作的重要性，学会在比赛中尊重对手，接受胜利与失败。学生通过这样的实际任务，不仅能提高篮球技能，还能在情感和态度上得到成长。更重要的是，全面整体的学习视角能够帮助学生将篮球技能和战略运用与日常生活中的情感、态度和价值观相结合，使学生在学习篮球的过程中不仅成为技能高超的球员，还能成为具有社会责任感和人际交往能力的全面发展的人。

二、任务驱动教学法的特征

任务驱动教学法的特征体现了该教学方法的核心价值和优势，其在高校篮球运动教学中的应用不仅有助于提高教学效果，还能促进学生的全面发展。以下对任务驱动教学法的五个特征进行深入探讨（见图 2–2）。

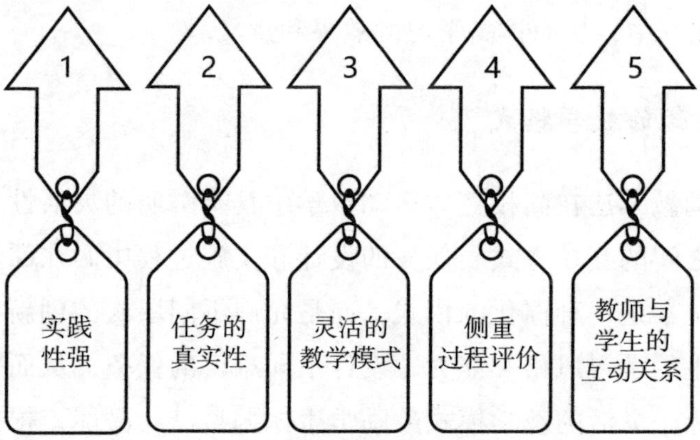

图 2–2　任务驱动教学法的特征

（一）实践性强

在高校篮球教学中，任务驱动教学法的实践性得到了明显的体现。实践性强的特点反映在教学内容与实际运用之间的紧密结合上。学生不再是被动接受知识的“容器”，而是通过亲自参与和体验来学习和理解篮球运动。例如，在教学过程中，教师可安排学生进行分组对抗练习，通过实战模拟比赛环境，让学生直观体验篮球运动的竞技性和合作性。学生在参与实际任务中，不仅能够掌握篮球的基本技能和战略，还能体会到团队合作、分工协作的重要性。

任务驱动教学法的实践性强，有助于激发学生的学习兴趣，使他们能够在实际操作中发现问题、解决问题，从而更好地理解和掌握篮球的精髓。

（二）任务的真实性

任务驱动教学法追求任务的真实性，强调将教学内容与学生的实际生活、未来职业发展和真实场景相结合。在高校篮球教学中，真实性可以体现在教学内容的选择和任务设计上。比如，教师可以让学生分析篮球比赛录像，从中获取有效的战略和技巧，并尝试在训练中复现。学生通过对比赛场景的分析和学习，能够在真实或接近真实的环境中提高他们的篮球水平。真实性不仅增强了学生对篮球知识的理解，还让学生体验到篮球作为一项竞技运动的激情和挑战。将学习内容与实际相结合，让学生更容易将学到的知识和技能运用到篮球比赛中，从而提高学习的效果和意义。

（三）灵活的教学模式

任务驱动教学法在高校篮球运动教学中具有鲜明的灵活性，主要体现在教师与学生之间的互动方式、任务的设计和实施过程中。在课堂设置中，任务驱动教学法不是一种僵化的模式，而是允许不同层次的创新和变革。教师可以根据学生的学习风格和能力，设计不同难度的任务，从而引导他们逐步实现学习目标。灵活的教学模式鼓励学生挖掘自己的潜能，根据兴趣和能力选择适合自己的学习路径。篮球运动中的不同技能，如投篮、防守、配合等，可以设置成多元化的任务，让学生自主选择，并根据个人的进展调整。在教学过程中，灵活性还体现在学生与教师之间的沟通和反馈上。学生可以根据自己的学习需求提出问题，教师则能实时调整教学策略。这样的教学方式促使学生更加积极主动地参与学习过程，培养了他们的自主学习和批判思维能力。

（四）侧重过程评价

任务驱动教学法在高校篮球运动教学中还体现了一种新的评价理念，即强调学习过程的评价。在这一理念下，学生的学习不再是被动地完成任务，而是主动参与并从中学习。在传统教学中，评价往往集中在学生的最终成绩上，而任务驱动教学法则强调在过程中观察和评估学生的成长。教师不仅关注学生完成任务的效果，还关心他们如何合作，如何解决问题，如何反思和总结。例如，在篮球运动教学过程中，教师会观察学生在比赛中的配合能力、团队沟通能力，甚至他们在失误后如何调整心态。这种侧重过程的评价有助于学生对学习过程有深刻的理解，有助于他们在实际操作中形成反思和自我调整的能力，也有助于培养学生的全人素质，除了专项技能外，还包括沟通、合作和解决问题的能力。

（五）教师与学生的互动关系

在任务驱动教学法中，教师与学生的互动关系占据了中心地位，特别是在高校篮球运动教学中，这一特征表现得尤为明显。

在传统教学方法中，教师往往是知识的传递者，而学生则是被动的接受者。任务驱动教学法改变了这一角色定位，强调教师与学生之间的合作与共享。在高校篮球运动教学中，教师不再是单纯的指导者，而是与学生一同探索、一同成长的伙伴。教师通过与学生的紧密互动，能更加精准地了解学生的学习需求和兴趣，从而为学生提供更为个性化的指导和支持。例如，当教师注意到学生在某一篮球技能上的独特兴趣或才能时，可以设计特别的任务，促使学生深入探索，挖掘自身潜力。与此同时，学生也从被动的角色变为积极参与的主体，与教师共同讨论、共同解决问题，形成真正的学习共同体。在篮球教学的实际场景中，教师可以邀请学生共同分析比赛录像、共同设计训练方案，使学生真实感受到自己在学习过程中的重要地位。这种互动关系的建立，不仅激发了学生学习的积极性和自主性，还加深了教师对学生个性、兴趣和需求的理解，使教学过程更加生动和有效。此外，教师通过与学生的互动，还可以不断反思和调整自己的教学方法，使之更符合学生的发展需要。

三、任务驱动教学法的设计与实施

任务驱动教学法的设计与实施是一项复杂而富有挑战性的任务。在高校篮球运动教学中，需要教师根据学生的特点和需要，精心设计和组织教学活动来促进学生的技能提高和兴趣培养。

（一）设计阶段

任务驱动教学法强调通过具体任务的完成来驱动学生的学习兴趣和动机，以及提高学生的实践能力。在设计阶段，教师需要深入分析学生的学习需求、兴趣和动机，确定适合学生的学习任务。

1. 确定教学目标和任务

确定教学目标和任务是设计阶段的关键。这涉及教师对学生学习需求、兴趣和动机的深入了解。教师通过与学生进行深入沟通，可以了解他们对篮球的兴趣所在，对技能的需求，以及学习动机。接下来，教师要设定明确、具体的教学目标，确保任务与学生的学习水平相匹配。对初学者来说，任务可以是完成基本的投篮训练，对高级学习者来说，任务可以是完成一场模拟比赛。

2. 结合实际情境设计任务

结合实际情境设计任务是使学生感受到篮球运动魅力的重要手段。真实的学习情境能增强学生的学习兴趣和动机。教师可以组织学生进行篮球比赛，让他们在真实的比赛环境中学习和运用篮球技能。教师通过设计具有挑战性的任务，激发学生的学习兴趣。情境中的任务应与学生的生活经验相结合，使学生能够在已有经验的基础上学习新的知识和技能。

3. 任务难度的逐渐提高

教学任务的设计应按照难易程度分阶段逐渐提高，以保证学生能够掌握所需的技能和知识。初级阶段可以着重于基础技能的训练，中级阶段可以进行组合技能的训练，高级阶段则可以进行全面的战术训练。任务难度的提高需要连续和一致，每个阶段的任务都应为下一个阶段的学习做好准备。教师应及时观察学生的学习情况，给予反馈，并根据需要进行调整。

（二）实施阶段

任务驱动教学法的实施阶段是教学过程的核心，集中体现了教学方案的执行和管理。以下从不同方面深入探讨此阶段的具体内容。

1. 任务分解

任务分解在篮球教学中是至关重要的一步。在篮球比赛中的进攻可以被分解为运球、传球、投篮等子任务。这样的分解有助于学生逐步掌握。例如，运球不是简单地推动球，它还涉及球场空间的利用、对方防守球员的判断、速度和节奏的控制等。教师可以根据学生的进展，逐步从基本的运球练习过渡到复杂的场景模拟，如两人协同运球、突破练习等。传球和投篮同样可以进行分解和逐步教学。传球可以从基本的胸传、地传开始，到更复杂的弧线传球、快攻传球等。投篮可以从定点投篮开始，逐渐过渡到移动中的投篮、紧逼下的投篮等。教师通过任务分解可以更有针对性地设计训练项目，学生也可以更有步骤地掌握各项技能，逐渐形成完整的篮球进攻能力。

2. 组织与指导

组织与指导是教学过程中的另一个关键环节。它不仅涉及教师如何组织学生进行任务的实施，还包括在过程中提供必要的指导和支持。例如，教师可以组织学生进行分组比赛。在比赛中，教师不时给予反馈和建议是比较重要的。教师可以在观察学生比赛的过程中，找到他们的优点和不足，及时进行指导，确保学生在正确的方向上进行训练。教师还可以与学生互动，了解他们的想法和困惑，提供个性化的指导。例如，对于正在学习如何投篮的学生，教师可以了解他们在投篮时遇到的具体问题，给出针对性的建议和训练方法。组织与指导还涉及如何激发学生的兴趣和积极性，使他们投入训练中。教师可以通过设置具有挑战性的目标、鼓励团队合作、采用游戏化的训练方法等方式，使学生在轻松愉快的氛围中进行学习。

3. 反馈与评估

在教学过程中，及时、准确的反馈和评估能够帮助学生更好地理解自己的长处和不足，从而进行有效的调整。在高校篮球教学中，教师应及时观察学生的表现，并给予清晰的反馈。这不仅包括对学生技能的反馈，还要考虑他们的团队协作、战略理解等方面。评估是教学过程中不可或缺的一部分，因此评估应全面、公正，以便准确反映学生的学习进展。

4. 培养学生自主学习能力

自主学习能力是现代教育强调的重要素质之一。在篮球驱动教学中，除了教授技能和规则外，教师还应鼓励学生自主探索和学习。学生可以自行查找有关篮球战术的资料，观看专业比赛的录像，甚至自主组织训练。教师应提供必要的支持和资源，引导学生如何进行有效的自主学习。自主学习不仅可以提高学生的学习动机，还能培养他们的创造力、批判性思维和解决问题的能力。

第二节 动态分层教学法的应用

所谓动态分层教学，就是教师根据学生现有的知识、能力水平和潜力倾向把学生科学地分成几层各自水平相近的群体，并对各层学生实施激励原则，使学生可以向更高一层次递进或被淘汰进入下一层次，促使该群体在恰当的动态调整策略中，通过自身的不断努力，得到更好的发展。①

一、动态分层教学法的理论基础

动态分层教学法的理论基础主要包括因材施教理论、就近发展理论、人本主义理论等（见图 2-3）。

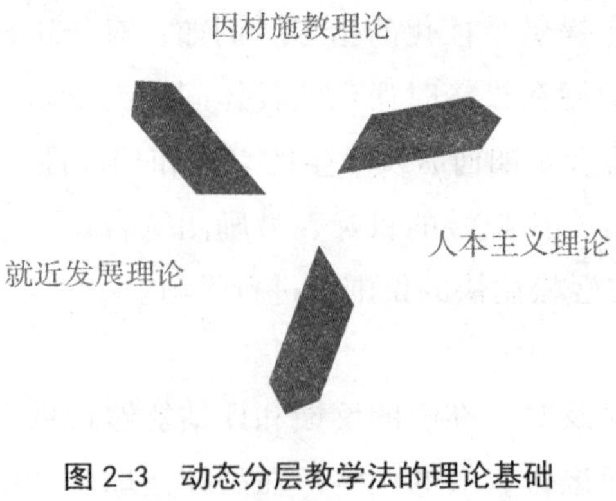

图 2-3 动态分层教学法的理论基础

① 殷晓辉．足球训练技巧与教学实践 [M]. 天津：天津科学技术出版社，2019：159.

（一）因材施教理论

因材施教理论是一种古老的教育理念，主张根据学生的兴趣、潜能、特长和需求进行个体化教学。早在我国春秋战国时期，教育学家孔子就提出在教学过程中要根据不同学生的特点，实行因材施教。孔子根据弟子的个性差异，将学生分为四科，有针对性、技巧性地对学生实行差异化教学，发挥其特长。据《论语·先进》记载："德行：颜渊、闵子骞、冉伯牛、仲弓；言语：宰我、子贡；政事：冉有、季路；文学：子游、子夏。"宋代朱熹将孔子的这一思想概括为"圣贤施教，各因其材，小以小成，大以大成，无弃人也"。

因材施教理论体现了对个人差异的尊重和理解，认为每个人都有自己的兴趣、天赋、智力和情感特点。因此，教育不应该是刻板和一视同仁的，而应该是灵活和多样的。因材施教理论强调教育者应该努力了解和关注每个学生的特点和需求，以便提供合适的教育内容和方法。这样做可以激发学生的兴趣和潜能，促使他们在自己擅长和感兴趣的领域中实现最佳发展。因材施教是教育的艺术，需要教育者具有敏锐的观察力、深刻的理解力和灵活的应变能力。

（二）就近发展理论

就近发展理论是由心理学家维果茨基（Lev Vygotsky）提出的，强调个体发展的潜在能力和教育的引导作用。这一理论的核心概念是"最近发展区域"，即个体当前能力的最高点与潜在能力的最高点之间的区域。在这个区域内学生既不会感到困难过大，也不会感到过于简单。教育应该发生在这个区域内，通过合适的挑战和支持，促使学生不断向前发展。这一理论强调了教育的动态性和过程性，提醒教育者要关注学生的成长过程，为学生提供适时的引导和帮助。就近发展理论还强调了社交互动在学习中的重要作用。学生通过与教师和同伴的合作和交流，可以逐渐掌握更复杂的概念和技能。这一理论提供了一个更全面的学习模型，强调了学习不仅是个人的努力，还是社交环境和互动的结果。

（三）人本主义理论

人本主义理论是由心理学家亚伯拉罕·马斯洛（Abraham H. Maslow）和卡尔·兰塞姆·罗杰斯（Carl Ransom Rogers）于20世纪五六十年代提出的。人本主义心理学家指出："理想教学提倡内在学习，所谓内在学习，就是依靠学生对于自我实现的需要，利用内在驱动，充分开发潜能，然而想要实现这一教育理想，就要做到让学生能够真正热爱学习，体会到学习带给他们的乐趣与成就。"① 人本主义理论以人的需求和价值为中心的教育观点，强调尊重个体的独特性和尊严，促进其自主和全面发展。在动态分层教学法中，人本主义理论的影响深远。该理论强调个体的自主选择、自我评价和自我实现，倡导教育者尊重学生的主体性，允许他们按照自己的兴趣和速度学习。这与动态分层教学法的核心理念相一致，即通过对学生能力和需求的精确分层，提供适切的教学支持，以促进每个人的最佳发展。人本主义理论还强调学生的全面发展，包括情感、价值观、社交能力等方面的培养。这为动态分层教学法提供了更宽广的视野，使之不仅关注学生技能和知识的掌握，还关注他们的情感、态度和价值观的塑造。

二、动态分层教学法的实施原则

动态分层教学法的实施原则体现了一种多元化、灵活性和人性化的教学理念。在高校篮球运动教学中恰当运用这些原则，有助于提高教学效率、促进学生的全面发展。动态分层教学法的实施原则是确保高校篮球运动教学效果的关键要素，其中主要包括学生能力分层原则、动态性原则、灵活调整原则、互动合作原则、全面评估原则等方面（见图2-4）。

① 牟剋蓉．动态分层教学法在健美操专修课教学中的运用研究[D]．成都：成都体育学院，2013.

图 2-4　动态分层教学法的实施原则

（一）学生能力分层原则

学生能力分层原则是高校篮球运动教学的重要方面。这一原则要求教师充分了解学生的身体素质和篮球技能，以便将学生按照能力进行合理分层。对学生的能力进行合理评估并分层，可以使教师更有效地满足学生的个体差异和需求。在高校篮球教学中，学生的身体素质和篮球技能水平存在显著差异。能力分层原则可以确保教师为不同水平的学生提供适当的指导和挑战，确保每个学生在自己的层次上取得进展。能力分层还能推动个性化教学，确保教学内容和方法与学生的实际能力相匹配。这样，高水平学生不会感到乏味，低水平学生不会感到挫败，所有学生都能在适合自己的环境中学习和进步。

学生能力分层原则不仅关注学生的学习进展，还关注学生的学习兴趣和积极性。教师通过合理的分层，可以为学生提供适当的激励和挑战，有助于提高学生的学习动力和参与度。

（二）动态性原则

动态性原则强调教学过程的流动性和灵活性，与学生能力分层原则相辅相成。学生的篮球技能和身体素质不是固定的，会随着学习的深入而有所变化。因此，教师需要密切关注学生的进展，并根据学生的变化及时调整教学层次。动态性原则促使教师时刻关注学生的学习情况，及时发现学生的进步和问题，并据此进行层次调整。这样的灵活性和适应性有助于确保学生始终保持对篮球学习的兴趣和积极性。动态性原则还有助于教师的决策制定，教师不断反思和调整自己的教学方法，以更好地适应学生的需要。这一原则促使教师更加敏锐地观察学生的发展，更加明智地制定教学决策。

（三）灵活调整原则

灵活调整原则强调教师需要随时观察学生的具体情况和反应，并据此对教学方法和内容进行调整。教学过程是一个复杂和多变的过程。每个学生的学习情况、兴趣和需求都随时改变。灵活调整原则要求教师灵活地应对这些变化，及时调整教学方法和内容。这种灵活性有助于确保教学始终符合学生的实际需求，提高教学的有效性和学生的满意度。灵活调整原则也体现在教学进度的掌控上。教师需要密切关注学生的学习进展，根据学生的学习速度和掌握情况灵活调整教学进度。这既可以确保学生有足够的时间消化和掌握知识，也可以避免学生感到压力过大或乏味。灵活调整原则还涉及对学生分层的调整。学生的能力和需求随着学习的进行而变化，教师需要及时调整学生的层次，确保每个学生都能在合适的层次上学习。

（四）互动合作原则

互动合作原则强调了团队合作和互动沟通在篮球教学中的重要性。在高校篮球教学中，团队合作尤为重要。学生可以通过合作互相学习，共同进步。合作不仅能增强学生的团队意识，还能提高学生的社交技能，更有助于培养学生的综合素质。教师与学生间的有效互动也是促进学生学习的关键。教师需要与学生建立良好的沟通，了解学生的思想、需求和兴趣，从而更好地指导学生的学习。教师与学生间的有效互动有助于激发学生的学习兴趣，提高学生的学习动力。互动合作原则还强调教师应鼓励学生在课堂上积极发言、提问和讨论。这种开放和互动的教学氛围可以提高学生思维的活跃度，有助于培养学生的批判思维和创造力。

（五）全面评估原则

全面评估原则要求教师不仅关注学生的篮球技能和身体素质，还需要全方位地评估学生的团队协作能力、学习态度、情感态度和其他相关方面。

在篮球运动教学中技能和身体素质的评估自然是重要的，但这些只是学生学习的一部分。团队协作能力同样重要，特别是在团队运动中，学生的合作意识、沟通能力、解决问题的能力等方面的表现，都是评估的重要内容。这有助于教师更好地理解学生在团队合作方面的能力和需求，从而更精准地调整教学内容和方法。全面评估还包括对学生学习态度的观察和评价。学习态度直接影响学生的学习效果和学习动机。教师需要观察学生学习的积极性、专注力、勤奋程度等，以便了解学生的学习习惯和态度，进一步提供适当的支持和引导。情感态度也是全面评估的重要组成部分。教师需要关注学生的情感表现，如自信、乐观、对挫折的容忍度等，有助于教师更有效地引导学生，促进学生健康成长。

三、动态分层教学法的具体实施

动态分层教学法充分考虑了学生的个体差异和动态变化，有助于提高教学效果，培养学生的篮球技能和兴趣，适用于高校篮球运动教学的多样化需求。动态分层教学法的具体实施是一个系统的过程，涉及多个环节，下面进行具体分析（见图 2-5）。

图 2-5　动态分层教学法的具体实施

（一）分析学生特点与需求

分析学生特点与需求不仅涉及学生的能力、兴趣、需求、态度、习惯和背景知识等多个方面，还要求教师能够采用多种方法深入了解学生，包括观察、测试、访谈和问卷调查等。这一过程是动态分层教学法成功实施的基石，也是确保每个学生都能在篮球教学中得到个性化关注和指导的关键所在。

1. 学生能力的全方位分析

在高校篮球教学中，学生能力的全方位分析至关重要。每个学生在身体素质、技能水平和学习动机方面的情况都大相径庭，因此教师需要有全面的理解和深入的分析。身体素质方面，有的学生具备出色的身高、力量和耐力等自然条件，适合从事篮球运动，而有的学生身体素质方面的潜能还未得到充分挖掘和发展。教师通过科学的训练方法和个性化的指导，可以有针对性地提高学生的身体素质，为篮球技能的提升打下坚实基础。技能水平方面，学生的篮球基础参差不齐。有的学生已经具备一定的篮球训练背景，技能相对成熟；而有的学生则是篮球新手，技能方面还需要从零开始。教师通过精确分层和有针对性的教学，可以使学生在技能上取得更快的进展。学习动机是教学过程中不可或缺的一环。学生的学习动机受到许多因素的影响，如个人兴趣、社交需求、竞技目标等。了解这些动机的驱动力，有助于教师更好地激发学生的学习热情，引导他们朝着积极健康的方向发展。

2. 学生兴趣的深入挖掘

篮球教学不仅仅是一项技能传递的过程，更是一次灵魂的碰撞和兴趣的激发。学生的学习兴趣通常是其持续努力的内在动力。教师通过问卷调查、访谈等方法，可以深入了解学生对篮球运动的兴趣和爱好。不同的学生对篮球的不同方面感兴趣，如一些学生热衷于篮球比赛的竞技激情，另一些学生则更关注篮球带来的团队合作和友谊。了解学生的兴趣和爱好后，教师可以在教学计划中融入更多与学生兴趣相关的元素，如组织一些有趣的篮球比赛、提供一些与篮球文化相关的阅读材料等。这样不仅可以激发学生的学习积极性，还可以使篮球教学变得更生动有趣。

3. 学生需求的细致分析

学生在篮球学习中的需求千差万别，有的学生渴望提高篮球技能，希望能够进入校队并参加更高水平的竞赛；有的学生则更看重篮球运动对身体的好处和休闲娱乐功能。教师通过深入了解学生的需求，可以提供更有针对性的教学。对于那些希望提高篮球技能的学生，教师可以提供更专业的指导和训练；对于那些主要为了锻炼身体或娱乐的学生，教师则可以提供更轻松愉快的篮球活动。学生需求的细致分析有助于确保教学活动与学生的个人目标和兴趣紧密相连，从而更好地满足学生的个人发展需求，促进他们在篮球技能和人生价值方面全面成长。

4. 学生学习态度和习惯的观察

在高校篮球教学中，学生学习态度和习惯的观察是促进学生学习成长的关键因素。这不仅有助于教师了解学生在学习过程中的态度，还能揭示学生在学习习惯方面存在的问题。学习态度对学生的学习成效有着直接的影响。例如，一些学生对篮球运动充满热情，每一次训练都投入较高；而另一些学生学习积极性不高，需要教师采用更有趣、更引人入胜的教学方式来激发他们的学习兴趣。学习习惯方面的问题会更为隐蔽，但同样重要。例如，一些学生习惯独立思考和自主训练，有能力不断提升自己；而另一些学生习惯依赖教师指导，需要更多的引导和支持。观察并了解这些习惯，教师可以更精确地提供支援，帮助学生养成良好的学习习惯。

5. 学生背景知识的考查

每个学生的背景知识都会对篮球教学的效果产生深远影响。教师需要详细考查学生的背景知识，以便提供更精准的指导。例如，有些学生已经在高中阶段接受过专业的篮球训练，对篮球运动有着较为深入的了解和熟练的技能。这样的学生需要更高层次的训练和挑战，以促进他们的技能提升。而有些学生是篮球初学者，对基础的篮球知识和技能一无所知。针对这样的学生，教师需要耐心地从头开始教授，确保他们掌握基本的篮球知识和技能。

（二）确定分层标准与分组依据

确定分层标准与分组依据是动态分层教学法的关键环节。只有科学分层和分组，才能真正实现教学的个性化，提高学生的学习效率，增强学生的学习体验，从而更好地培养篮球运动人才。这一过程涉及多个方面的综合考量和平衡，是一项复杂而重要的任务，需要教师具备深厚的专业素养和丰富的实践经验。

分层标准的确立是教学的前提。在高校篮球教学中，学生的技能水平、学习需求和学习进度是必须兼顾的重要因素。例如，技能水平的不同直接影响了学生在课堂中的表现和学习效果，只有将学生按照技能水平合理分层，才能确保教学的针对性和有效性。同样地，学习需求和学习进度的差异也需要通过分层教学来调和，以便给不同的学生提供适合的教学内容和方法。分组依据的确定则是实现分层教学的具体操作步骤。分组的方式有多种，如按照能力分组、按照兴趣分组，或者综合多个因素进行混合分组。能力分组可以确保同组的学生在技能水平上有一定的相似性，有助于教师有针对性地进行教学。兴趣分组则有助于激发学生的学习积极性，使他们更投入学习过程。混合分组的灵活性则在于可以综合考虑多个因素，实现多方面的平衡。在确定分层标准与分组依据的过程中，教师需要分析学生的特点和需求，兼顾教学的实际情况，既要考虑学生的个体差异，也要注意各个层次的平衡和整体教学效果的提高。这一过程对教师的专业技能和敏锐洞察力提出了较高的要求。

（三）设计分层教学内容与教学方法

设计分层教学内容与教学方法是一项复杂而重要的任务。它不仅涉及对学生的深入了解和精细分析，还需要教师具备丰富的教学经验和创新思维。教师通过精心设计的分层教学，可以更好地满足学生的个体差异和学习需求，提高教学效率，培养学生的篮球技能和团队协作能力，从而为高校篮球运动人才的培养打下坚实的基础。

分层教学内容的设计需要细致入微地考虑学生的不同层次和个体差异。例如，在教授初级篮球技能时，针对不同层次的学生可以从基础的运球、投篮、传球等入手；而对于更高层次的学生，则可以进一步深化内容，如组合进攻、防守战术等。教学内容还需要灵活调整，根据学生的学习进展和反馈来适时修改。这种灵活性不仅可以保持教学的新鲜感，还可以确保学生始终处于适当的挑战区间，从而激发他们的学习兴趣和积极性。教学方法的设计同样关键。教师需要根据学生的层次和特点选择合适的教学方式。例如，对于初级层次的学生，可以采用更多的演示和练习来帮助他们掌握基本技能；而对于高级层次的学生，则可以通过模拟实战、专项训练等方式来提高他们的实战能力。教学方法还需要充分利用现代教育技术和教学资源。例如，教师可以通过视频教学、在线互动等方式来增强教学的生动性和趣味性，从而提高学生的学习效率和效果。动态分层教学的核心是灵活性和针对性，这也是设计分层教学内容与教学方法的关键。教师需要根据学生的不同需求和能力层次来合理安排教学内容和方法，还要随时关注学生的学习进展和反馈，灵活调整教学计划。

（四）实施分层教学

实施分层教学是根据学生所在的层次进行针对性的教学。这一策略能更好地满足各个层次学生的需求，提高教学效率和学生的学习兴趣。在教学过程中，教师不仅要清晰地了解每个学生的能力层次和学习需求，还要有能力灵活调整教学计划和方法，以适应学生的变化。实施分层教学的过程并不是一成不变的，教师需要随时关注学生的学习动态，灵活调整教学内容和教学方式。教师可以采用混合教学模式，将不同层次的学生安排在同一课堂，以便更好地管理和观察学生的学习情况。教师也可以通过学生之间的合作学习，激发学生的学习积极性。例如，高层次的学生可以帮助低层次的学生，促进互相学习。

（五）动态调整分层

动态调整分层教学的核心是敏锐地把握学生的进步和需求的变化，随时做出适当的调整。这一过程需要教师密切关注学生的学习进展，定期或不定期进行评估。评估的方式包括测试、观察、学生自我反馈等。教师还需要告知学生分层的标准和原因，及时进行调整，确保学生对教学过程有充分的理解和参与感。动态调整不仅可以让学生始终保持在适合自己的学习环境中，还能激励他们努力进步，因为学生知道他们的努力不仅会得到肯定，还会反映在分层调整中。

（六）评价与反馈

评价与反馈作为教学过程中不可或缺的环节，具有多重意义。首先，教师通过多元化的评价方法，可以准确了解学生的学习效果和进步情况。这样的评价可以是形式化的，如测试、作业等，也可以是非形式化的，如观察、讨论等。及时的反馈可以让学生清晰了解自己的优点和不足，从而更加明确自己的学习方向和努力目标。反馈不仅是教师对学生的反馈，还是学生之间的相互反馈，以及学生对教师的反馈。教师还需要根据评价的结果及时调整教学策略，这种调整涉及教学内容、方法、组织形式等多个方面，目的是更好地实现教学目标，满足学生的学习需求。

第三节　翻转课堂在篮球教学中的应用

翻转课堂译自“Flipped Classroom”或“Inverted Classroom”，也可译为“颠倒课堂”，是指重新调整课堂内外的时间，将学习的决定权从教师转移给学生。[①] 翻转课堂是一种革新的教育模式，其核心理念是改变传统的教学方法，将课堂和课下的学习过程颠倒过来。在这个模式下，学生在课前通过线上的课程资料进行自主学习，以获取基础的知识和理解。然后在课堂上，教师通过各种活动进行深化和拓展，提高学生的理解能力和应用能力。在这个过程中，教师的角色转变为指导者和协调者，而学生的角色则从被动接受者转变为主动参与者。翻转课堂的理论基础为高校篮球运动教学提供了新的视角和方法，有利于提高教学效果，培养学生的自主学习能力、团队协作能力和创新能力。

一、翻转课堂的理论基础

翻转课堂的理论基础主要包括掌握学习理论、最近发展区理论、自主学习理论三个方面（见图 2-6）。

---

① 文倩．翻转课堂的教育心理学基础探析[J]. 课程教育研究（学法教法研究），2018（16）：43-44.

图 2-6　翻转课堂的理论基础

（一）掌握学习理论

掌握学习理论是美国教育家、心理学家本杰明·布鲁姆（Benjamin Bloom）提出的教育学基础理论。掌握学习理论的核心思想在于将教师的焦点转移到学生对所教授知识的掌握程度上，这个思想以学生掌握知识为教学目标。此外，教师的主要职责在于寻找可以提高学生学习效率的教学方法。教育者需要摆脱过去单纯以教书为目的的教学理念，确立以学生为中心并引导他们掌握知识的新视角，纠正长久以来学生学业成绩呈正态分布的偏见。掌握学习理论认为，学业成绩呈正态分布的现象并非绝对，只要有适当的教学引导，学生的学业成绩分布是有改变的。相信在教师的恰当引导下，大多数学生能够掌握所需要的知识，并且他们将展现出更高的学习动机和学习积极性。掌握学习理论不仅是一种理论和思想，还是一种教育教学策略，它指导着教师的教学实践。

在掌握学习理论的教学过程中可以使用的评价方法包括诊断性评价、形成性评价和总结性评价。教师应使用多种评价方式来评估教学，以便根据结果及时采取有助于提高学生学习效果的教学方式；学生则应根据反馈信息及时强化尚未掌握的学习内容。这样，学生和教师在学习过程中承担各自的重要责任，共同成为学习的主体。在掌握学习理论的指导下，学生能够积极利用这种学习方法，他们未掌握的知识点会越来越少，最终每个学生都能掌握所需的知识点。

（二）最近发展区理论

最近发展区理论是由苏联教育家维果茨基提出的。最近发展区理论阐述了学生发展的两个层次：一个是学生自主学习时能达到的现有水平；另一个是学生通过教学引导能够实现的潜在发展水平。最近发展区就是两者之间的差距。这一理论强调教学的重点不在于强化已形成的知识领域，而是刺激和挖掘学生已接近成熟但尚未完全成熟的潜力领域，也就是最近发展区。翻转课堂执行过程中，学生在观看教学视频后，仍存在难以理解和掌握的知识点。教师在课堂上可以对这些知识点进行详细解释，这些知识的掌握就发生在学生的最近发展区。这种教学模式能够有效提高学生的学习效率，避免课堂教学中的无效投入。可以看出，翻转课堂的教学从视频学习入手，学生基本掌握了内容后，再将注意力转移到“最近发展区”，从而有效地推动学生的成长，并提高学习效率。

（三）自主学习理论

自主学习这个概念起源于20世纪60年代，由终身学习和个别化学习引发了自主学习的发展。[①] 自主学习理论强调的是学生的学习主体性，包括他们对学习过程的控制和管理。自主学习在很大程度上取决于学生对自身学习需求的认识，以及他们对学习目标、学习策略和学习评价的自主设定和调整。自主学习者不仅要有能力选择何时何地学习，还要能够自主确定学习内容和学习方式。这样的学习过程需要学生进行自我反思和自我调整，以实现个人价值。

对于篮球运动的教学而言，自主学习理论尤为重要。篮球运动涉及的技术、战术和心理等方面的知识和技能较为复杂，需要学生进行大量的实践和反思，而这种实践和反思往往无法在有限的课堂时间内完成。学生通过自主学习，可以在课堂之外进行深入学习和实践，提高篮球技术和策略的掌握程度。但是，自主学习并不是让学生无目标、无计划地学习。相反地，它需要学生有明确的学习目标，通过自我反思和自我评价，不断调整和完善自己的学习策略。这就要求教师在教学中要教授学生如何进行自主学习，如何设定学习目标，如何选择有效的学习策略，如何进行自我反思和自我评价。教师还需要提供一定的支持和指导，包括提供学习资源、提供学习策略、提供反

① 殷晓辉．足球训练技巧与教学实践[M]．天津：天津科学技术出版社，2019：148.

馈和评价，以及鼓励学生进行自主学习。教师的角色从传统的知识传授者转变为学习指导者和学习资源的提供者。自主学习不仅能够提高学生的学习效果，还能够提高学生的学习动力，培养学生的学习兴趣，激发学生的学习热情。学生通过自主学习，可以不断提高自己的篮球技术和竞技水平，实现自我价值。

二、翻转课堂的主要特点

翻转课堂作为一种革新的教学方法，已经在全球范围内广泛应用，其中包括高校篮球运动教学。翻转课堂的主要特点包括以下四个方面（见图 2-7）。

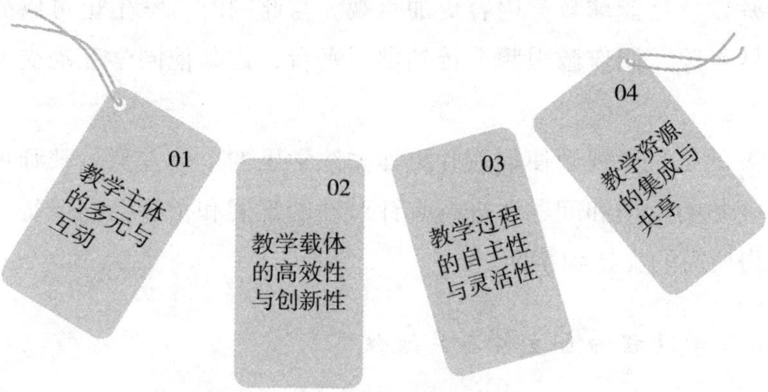

图 2-7　翻转课堂的主要特点

（一）教学主体的多元与互动

翻转课堂模式在篮球教学中展现出了显著的多元化与互动性特点。这种模式颠覆了传统的课堂教学模式，教学主体由单一的教师转变为包括学生、教师、学校、社会、家庭在内的多元参与者。在这种模式下，学生在家通过教学平台预先学习篮球知识和技能，课堂变成了教师和学生之间答疑解惑、探讨和互动的场所。教师的角色也发生了显著变化，从传统课堂中知识的传授者转变为学生学习过程中的引导者和促进者。教师不再是知识获取的唯一来源，而成了学生学习过程中的伙伴和指导者，使得教学过程更为民主化、平等化和人性化。

（二）教学载体的高效性与创新性

在传统的教学模式中，学生主要依赖教师在课堂上进行讲解，学习材料也主要限于教科书和少量的参考资料。然而，随着信息技术的快速发展，翻转课堂模式为教学载体提供了一个革命性的变革。这种模式不再局限于教室，而是将整个世界作为学习的背景。微视频作为翻转课堂的核心载体，它以简短、精练和高度集中的方式展现关键内容，使得复杂的篮球技能和理论变得容易理解。这种方式不仅突破了时间和空间的限制，还使得学习过程变得更加生动和有趣。学生可以反复观看视频，对难以理解的部分进行多次复习，直至掌握。教师可以通过多媒体和互动工具制作微视频，加入动画、图示和实际比赛片段，让篮球教学内容更加直观。与此同时，学生也可以分享自己的篮球实践经验，制作微视频上传到学习平台，与其他同学互动交流，共同探讨和学习。

更重要的是，微视频使得教师更加关注学生的个体差异。教师可以根据学生观看视频的反馈和问题，进行有针对性的答疑和指导，确保每一位学生都能够获得所需的支持和帮助。

（三）教学过程的自主性与灵活性

翻转课堂模式的核心理念在于提高学生学习的自主性。与传统教学模式相比，翻转课堂更加注重学生的个体差异，鼓励他们根据自己的实际情况选择适合自己的学习方式和节奏。这种自主性并不仅仅是给学生更多的自由度，而是让学生深入参与学习过程，真正成为学习的主体。学生可以根据自己的知识基础、学习风格和兴趣，选择不同的篮球教学内容。① 例如，对于基础较好的学生，他们可以选择更高级的篮球技能进行学习；而对于初学者，他们可以从最基本的篮球动作入手，逐步掌握复杂的技巧。翻转课堂模式还为学生提供了开放、共享和合作的学习环境。学生不仅可以自主选择学习内容，还可以与同学进行互动交流，分享学习经验和方法，共同解决问题，培养团队合作和沟通能力。

---

① 罗艳．核心素养视域下高中体育专项化教学的策略研究[J]．拳击与格斗，2023（6）：81-83.

（四）教学资源的集成与共享

翻转课堂模式带来的教学资源集成与共享，实际上是教育技术与现代教学方法的有机结合。在这一模式下，各种类型的教学资源被整合在一起，创设全面、多维度的学习环境，这不仅丰富了教学内容，还为教学方法提供了无限的可能性。这种集成与共享的优势体现在教学资源的多样性上。过去，学生往往只能接触到单一形式的教学资源，如教材、课件或讲义。但在翻转课堂中，学生能够接触到包括文本、图像、动画、声音和视频在内的多种形式的资源。这些资源之间可以相互补充，提供更加全面和立体的学习体验。例如，在学习篮球的某个技巧时，学生可以通过视频观察技巧性动作过程，通过图文了解其背后的理论知识，再通过动画模拟实际比赛中的应用场景。

三、翻转课堂的实施原则

对于篮球课程来说，借鉴翻转课堂的教学模式，可以帮助学生更深入地理解篮球运动的原理和技术，也可以提高课堂的活跃度和学生的学习热情。在实施翻转课堂的过程中需要遵循以下四个原则（见图 2-8）。

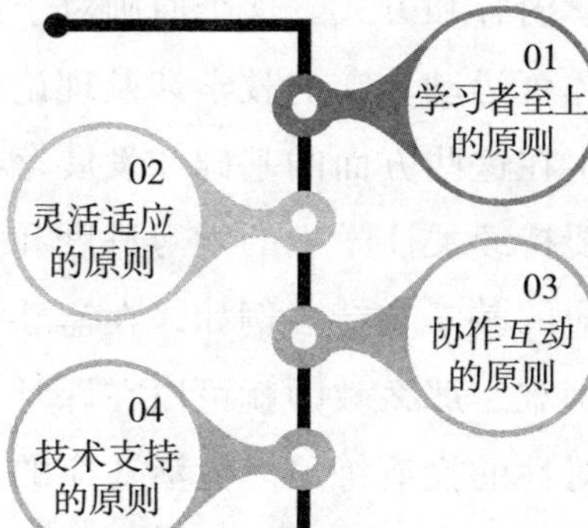

图 2-8　翻转课堂的实施原则

（一）学习者至上的原则

翻转课堂是一种以学习者为中心的教学模式，这一点在篮球教学的实施中尤为重要。学习者至上的原则强调将学生的需求、兴趣和目标置于教学活动的核心位置。翻转课堂模式的实施，要建立起学生在学习过程中的主体地位，将他们从被动接受知识的对象转变为积极探索知识的主体。在此原则的指导下，教师在课前通过网络平台提供学习资源，学生通过课前自学掌握基础知识，课堂上进行的则更多是针对性的解答疑问、深入讨论以及实践操作。在篮球教学中，学生可以在课前通过观看篮球基础动作的视频，理解和掌握动作要领。教师则可以在课堂上组织学生进行篮球实战演练，通过真实的比赛环境，帮助学生理解和应用课前学习的理论知识。学习者至上的原则也要求教师关注学生的学习差异，并根据学生的不同需求和特点，提供个性化的教学支持。例如，对于篮球基础较好的学生，教师可以设计更复杂的篮球技术和战术训练；而对于篮球基础较差的学生，教师则需要提供更多的基础动作训练和指导。通过这种方式，可以使每个学生都能在翻转课堂的环境中得到有效的学习和发展。

（二）灵活适应的原则

翻转课堂的实施需要教师具备灵活适应的能力，能够根据学生的学习状况和需求，及时调整教学内容和方式。这个原则对于篮球教学的意义尤为重要，因为篮球作为一项体育运动，它的教学涉及理论知识、实践技能、身体素质等多个方面，而学生在这些方面的基础和发展存在很大的差异。在灵活适应的原则下，教师需要持续关注学生的学习进度和变化，发现学生的困惑和问题，并及时提供相应的教学支持。例如，在篮球教学中，教师发现一些学生在投篮技巧上存在困难，那么教师就可以在课堂上重点讲解和演示投篮技巧，或者组织一些针对性的投篮练习。灵活适应的原则也要求教师能够根据教学目标和学生的学习情况，灵活调整教学计划和策略。在篮球教学中，教师需要根据赛季的安排、学生的技术水平、队伍的战术需求等因素，有计划地进行教学活动。例如，赛季前期，教师会重点强调基础技术的训练；而赛季中期，则需要更多地训练战术配合和比赛应变。教师通过灵活适应的原则可以更好地满足学生的学习需求，提高教学的有效性和效率，从而让翻转课堂真正成为推动学生学习和发展的有效途径。

（三）协作互动的原则

翻转课堂强调教师与学生、学生与学生之间的协作互动。在翻转课堂模式下，教师的角色从传统的知识传授者转变为学习的引导者和组织者。在篮球教学中，教师更多的是组织学生进行实战演练，通过观察学生的表现，发现问题，提供反馈，引导学生反思和改进。协作互动的原则也强调学生之间的协作互动。在篮球教学中，学生不仅需要单独练习，还需要通过团队合作，提高整体的篮球技术和战术水平。这就需要学生之间有良好的沟通和协作，共同解决问题，共同提高水平。例如，学生可以在课堂上通过小组讨论的方式，分享各自的学习经验和问题，互相学习、互相帮助。协作互动的原则还包括教师与家长、教师与社区等多方的合作。例如，教师可以与家长共享学生的学习进度和问题，邀请家长参与学生的学习；教师也可以联系社区资源，如邀请专业的篮球教练来课堂讲解和示范，丰富教学内容，提高教学效果。

（四）技术支持的原则

翻转课堂的实施依赖先进的信息技术，特别是网络技术和多媒体技术。在篮球教学中，教师可以通过各种在线教学平台提供与篮球相关的教学资源，如视频讲解、训练方法、战术分析等。学生在课前可以通过网络自行学习和掌握这些基础知识，课堂上则以解决问题、讨论经验和实战演练为主。技术也可以帮助教师实现对学生学习情况的实时反馈和跟踪。教师通过学习管理系统，可以查看学生的学习进度、参与情况、作业完成情况等，从而了解学生的学习状况，为学生提供及时的指导和支持。在篮球教学中，教师还可以通过技术手段记录和分析学生的训练和比赛表现，为学生提供个性化的技术指导。

技术支持的原则并不仅仅要求教师具备一定的技术能力，更重要的是教师需要有创新精神，敢于尝试新的教学方法，善于利用技术手段改善教学。对于翻转课堂这种新型的教学模式，教师不仅要敢于尝试，还要不断反思、调整，以实现教学的不断优化和提高。

四、翻转课堂的具体实施

翻转课堂在篮球教学中的具体实施分为四个阶段：预课阶段、课堂阶段、课后阶段和评价阶段（见图 2-9）。

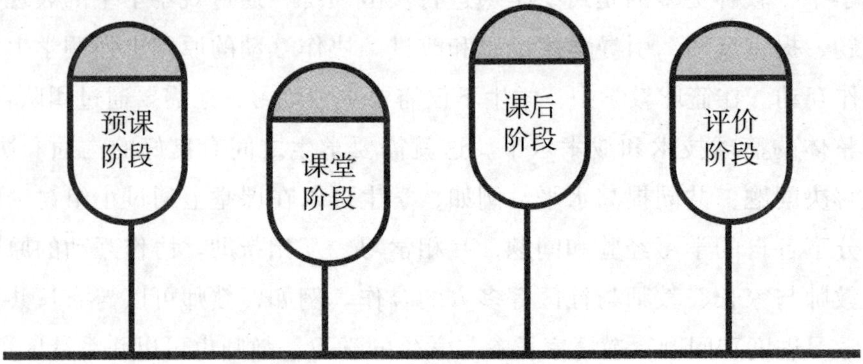

图 2-9 翻转课堂的具体实施

（一）预课阶段

预课阶段是翻转课堂的初始阶段，也是激发学生自主学习的阶段。在这一阶段教师需要运用现代网络技术将各种教学资源，如篮球技术视频、教学材料等发布到教学平台上，使学生能够在课前进行自我学习。在这个自我学习的过程中，学生能够根据自身的学习速度、学习习惯以及理解能力，来自主调整学习的节奏和方式，这样有助于他们更深入地理解和掌握篮球的各种技术。在此过程中，学生不仅可以积累篮球运动的专业知识，还能通过学习提高自己的自我学习能力和自我调节能力。

教师在预课阶段的工作主要集中在教学资源的制作和发布上。教师在制作教学资源时，应深刻理解和把握篮球教学的实践性特点。例如，教师可以制作和发布一些篮球技术的操作视频，这些视频可以是教师自己演示篮球技术，也可以是收集和整理的一些专业球员的比赛片段。这些视频使学生能够反复观看，学习和模仿篮球技术的操作，从而更好地理解和掌握篮球技术。教师还可以提供一些篮球比赛的录像。学生通过观看这些比赛录像，可以更直观地理解篮球比赛的规则，了解不同的篮球战术，并从中学习和借鉴。

这样不仅有助于学生更好地理解篮球比赛，还有助于他们在比赛中更好地发挥。

预课阶段的成功实施对于激发学生的学习兴趣、培养学生的自主学习能力、提高教学效果具有重要的作用。因此，教师在这一阶段的工作是较为重要的。他们需要利用现代教学技术，精心制作和发布各种教学资源，还需要密切关注学生的学习情况，及时调整教学策略，以确保学生能够充分利用这些教学资源进行有效的自主学习。

（二）课堂阶段

课堂阶段作为翻转课堂模式的核心，是教师引导学生进行深入探索和理解学习的关键阶段。在这一阶段教师不再是传统课堂上的主导者，而是转变为引导者和协助者，他们的主要任务是组织和引导学生进行实践操作，通过各种实践活动，帮助学生将课前学习的理论知识运用到实际操作中，从而提高学生的实践能力和理论水平。

在这个阶段模拟比赛是一种比较有效的教学手段。教师可以组织学生进行篮球比赛，让他们在真实的比赛环境中运用和实践课前学习的理论知识和技术。这样不仅可以提高学生的篮球技术，还可以锻炼他们的团队合作能力，提高他们的竞技水平。技术训练也是重要的教学环节。教师可以通过技术训练，使学生对篮球技术有更深入的理解和掌握。教师应该鼓励学生积极参与，勇于提出问题，并引导他们寻找和实践解决问题的方法。在这个过程中，教师应该尽可能地提供支持和帮助，让学生在失败和挑战中不断提高自己的篮球技术和战术理解。在课堂阶段，小组讨论也是重要的教学活动。教师可以组织学生进行小组讨论，让他们共享学习经验，互相学习、互相鼓励。在讨论中，学生可以提出自己在学习中遇到的问题，听取其他同学的意见和建议，从而提高自己的理论水平和实践能力。此外，小组讨论也可以培养学生的团队合作精神和公共交流技巧。

（三）课后阶段

在课后阶段，教师的主要职责是策划和组织各种实践活动，如模拟比赛和技术训练，让学生将课前所学的理论知识应用到实践中，自我探索和理解所学的篮球理论和技术。

模拟比赛是篮球教学中一种比较实用的教学方法。学生通过模拟比赛，可以在类似实战的环境下运用和实践他们所学的篮球知识和技能。教师可以根据学生的技术水平和理解程度设置比赛规则和情境，从而使学生在比赛中体验篮球的乐趣，提高他们的技术水平，也能够使他们更好地理解和掌握篮球的规则和战术。技术训练也是篮球教学的重要环节。在此环节中，教师需要组织学生进行各种篮球基础技术的训练，比如投篮、运球、防守等。教师应鼓励学生在训练中提出自己的疑问和困惑，并引导他们寻找解决问题的方法。这样不仅可以提高学生的篮球技术，还可以培养他们独立思考和解决问题的能力。在课后阶段，小组讨论也是一种有效的学习方式。教师可以组织学生进行小组讨论，让他们共享自己的学习经验和理解，听取他人的意见和建议。在讨论中，学生可以更深入地理解和掌握篮球知识和技能，也能提高他们的团队协作能力和沟通技巧。

（四）评价阶段

翻转课堂的结束阶段通常是评价阶段，也就是对学生学习成果进行评估的时期。在这一阶段，教师应该通过各种方式，包括测试、观察、评价等，来了解和评估学生的学习成果。

教师可以通过技术和战术测试来评估学生的篮球技术和战术理解程度。这种测试不仅可以了解学生对篮球基本规则、技术动作、战术布置的理解和掌握程度，还可以观察学生在实际比赛中的表现，评估他们的实际操作能力。这类测试通常以模拟比赛的形式进行，教师可以根据学生在比赛中的表现来评估他们的技术水平和战术理解。教师还可以通过观察和记录学生的学习行为，来评估他们的学习态度和习惯。比如，教师可以观察学生是否按时完成预习任务、是否积极参与课堂活动、是否主动寻求帮助等，这些都可以反映出学生的学习态度和习惯。此外，教师还可以记录学生在课堂上的表现，如参与讨论的频率、质量，解决问题的能力等，这些都是评估学生学习成果的重要依据。教师还需要对学生的团队合作能力进行评价。在篮球教学中，团队合作是比较重要的，好的球队不仅需要技术过硬的球员，还需要良好的团队合作精神。教师可以通过观察学生在小组讨论、团队活动中的表现，评估他们的团队合作能力。教师还可以利用教学平台的数据分析功能，进行更精确的学习成果评估。教学平台通常可以记录学生的学习行为，如学习时间、学习进度、浏览资源的次数等，教师可以通过分析这些数据，得到学生学习情况的详细和量化的评价。

第三章　高校篮球技术教学解析

第一节　高校篮球技术教学概述

一、篮球技术的定义

篮球技术是运动员为完成进攻与防守所采用的动作方法的总称，是篮球运动员竞技能力水平的重要决定因素。① 篮球技术的定义的核心是对篮球运动员在比赛中运用的各种技巧的总结和概括。篮球技术的独特之处在于，它是篮球运动员在比赛中根据比赛的实际情况，运用自身的技巧、身体素质和智慧来达到攻防目标的具体行为方式。换句话说，篮球技术是运动员对篮球比赛规则的一种创造性的应用和实践。篮球技术包含了多种技巧，从基本的运球、传球、射击，到更复杂的挡拆、快攻、防守等。这些技巧的运用，都需要运动员具备一定的身体素质、技术水平和理解能力。但是，篮球技术并不仅仅是个别技巧的运用，更重要的是这些技巧如何在比赛中结合使用，形成有机的整体。比如，运动员在比赛中不仅要会运球，还要知道何时运球，何时传球，何时投篮。这就需要运动员对比赛的理解和判断。篮球技术的培养和提高是一个长期的、复杂的过程，需要运动员通过大量的训练和实战来完成。而作为教师，需要有系统的教学计划和方法，以指导运动员的训练。教师需要对篮球技术有深入的理解和掌握，能够根据运动员的实际情况，制

---

① 唐建倦．现代篮球运动教程：理论 方法 实践 [M]. 广州：华南理工大学出版社，2014：9.

订合适的训练方案。教师还需要注重培养运动员的比赛理解和判断能力，这是篮球技术的关键。

在高校篮球技术教学中，教师不仅要教授篮球技术，还要培养学生的团队精神和竞技态度。篮球比赛是一个团队活动，每个运动员都有自己的责任和任务。只有当每个运动员都能够有效完成自己的任务，团队才能获得胜利。因此，教师在教授技术的同时，要教育学生如何与队友协作，如何在比赛中保持积极的态度。

二、篮球技术的特点

篮球技术的特点多种多样，涵盖了从最基础的动作技术到更为复杂的战术应用。以下对篮球技术的特点进行详细阐述（见图 3-1）。

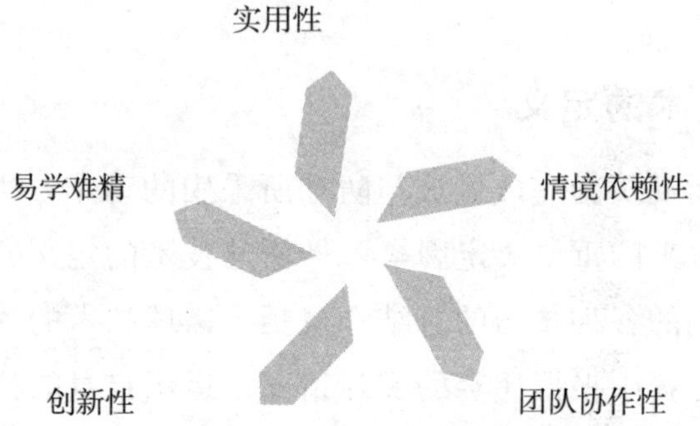

图 3-1　篮球技术的特点

（一）实用性

篮球技术的实用性强，体现在其广泛而深入地应用于比赛的各个方面。无论是进攻阶段的传球和投篮还是防守阶段的拦截和篮板球抢夺，篮球技术都在其中起着至关重要的作用。在比赛中具备一定的基础篮球技术是至关重要的。这包括但不限于运球、传球、接球、投篮、跳投、勾手投篮、上篮等。这些基础技术构成了篮球运动的基石，运动员在比赛中需要灵活运用这些技术去应对比赛中的各种情况。例如，运球技术可以帮助运动员有效控制球权，进一步组织进攻或者进行突破；投篮技术可以帮助运动员在得到良好机会时将球投入篮筐得分。防守技术同样比较关键，这包括正面防守、侧面防守、后面防守、双人包夹防守等。防守技术的娴熟运用，可以有效阻止对手的进攻，不给对方留下得分的机会。[①] 战术运用也是必不可少的。例如，如何通过运用挡拆、挡位、空切等战术行为创造进攻机会，如何通过盯人、包夹、换人等防守方式来干扰和破坏对手的进攻。

（二）易学难精

篮球技术的“易学难精”主要体现在两个方面：一是篮球基础技术的入门相对容易，但要想达到运用自如、精确无误的程度则需要大量的训练和实践；二是随着篮球运动的发展，出现了越来越多的新技术和战术，这些新技术和战术的掌握与运用同样需要大量的训练和实践。

对于基础技术，如运球、传球、接球、投篮等技术，其基本动作相对简单，新手通过简单的训练就能够学会。但是，想要达到高级别的比赛水平，这些基础技术需要有较高的精准度和速度，而这就需要运动员花费大量时间进行技术训练。随着篮球运动的发展，不断有新的技术动作和战术运用被提出。例如，现代篮球比赛中普遍运用的挡拆、三分投篮等，这些都需要运动员花费大量时间去研究、练习和应用。

（三）创新性

篮球这项运动，自诞生以来就始终处在不断演变与进步之中。无论是在技术层面还是在战术层面，篮球都表现出了较大的创新性。技术层面的创新主要体现在运动员的动作技巧和技术手段上。随着科技的发展和运动员身体素质的提高，许多曾经被认为难以实现的技术动作，如360度转身扣篮、无视角度的抛投等，都已经被当代运动员所熟练掌握和运用。这种技术的创新不仅丰富了篮球运动的观赏性，还在某种程度上推动了篮球比赛的发展。战术层面的创新则主要体现在篮球比赛的策略和战术设计上。从最早的传统的

---

① 白迪．第15届世界男子篮球锦标赛中外男篮外线队员防守能力的比较分析[D]．北京：首都体育学院，2008.

“大个子”内线战术，到现代的“小球”外线战术，篮球比赛的战术理念已经发生了深刻的变化。这种变化不仅体现了篮球运动的进步，还反映了人们对于篮球运动的深入理解和探索。

（四）团队协作性

篮球运动是一项集体运动，每个队员在比赛中都扮演着重要的角色。没有紧密的团队配合，任何高超的个人技术都难以发挥出应有的作用。在进攻端，团队协作主要体现在队员通过传球、挡拆等方式创造投篮机会。成功的进攻，往往需要所有队员的紧密配合，通过精准的传球和高效的跑动，才能找到对手防守的漏洞，创造出很好的投篮机会。在防守端，团队协作主要体现在队员通过换人、包夹等方式阻止对手的进攻。成功的防守，需要队员形成有序的防守体系，通过密切的配合和准确的沟通，才能有效地阻止对手的进攻。

（五）情境依赖性

篮球技术的运用确实具有明显的情境依赖性，这也是篮球运动复杂性的重要体现。篮球运动员在比赛中需要根据场上的实时状况，迅速做出决策，并灵活运用篮球技术。这种应变能力对于每一个篮球运动员来说，都是至关重要的技能。篮球技术的情境依赖性主要体现在比赛的战术策略上。不同的比赛情况需要运动员使用不同的篮球技术。比如，在对方防守紧密时，运动员需要运用一些高技巧的篮球技术，如变向、后撤步、欺骗动作等来突破对手的防守；而在对方防守松散时，运动员则可以通过投篮或者上篮等简单有效的方式来得分。篮球技术的情境依赖性还体现在比赛的节奏掌控上。比如，在领先的情况下，运动员需要通过控球、传球等方式，来控制比赛的节奏，耗尽比赛时间；而在落后的情况下，运动员则需要通过快攻、突破等方式，加快比赛的节奏，争取更多的得分机会。

三、篮球技术的重要性

篮球技术对于篮球运动及其参与者具有无可比拟的重要性。作为篮球运动的基础，篮球技术构成了篮球比赛的所有方面。理解并掌握篮球技术对于提高篮球水平、享受比赛乐趣和提升整体表现至关重要。

篮球技术是决定比赛胜负的核心要素。运动员在场上的一切动作，无论是投篮、传球、突破还是防守，都是篮球技术的体现。熟练掌握篮球技术的运动员在比赛中能展现出优异的技能，他们的投篮更准确，传球更精确，突破更犀利，防守更稳固。因此，篮球技术是衡量篮球运动员水平高低的重要指标。除此之外，篮球技术对于团队的整体实力也有重要影响。篮球是需要团队配合的运动，每一个队员的表现都会影响到整个团队的技术和战术效果。在进攻端，如果每个队员都能熟练运用篮球技术，那么团队的进攻就会变得更加流畅和有效。反之，如果队员的篮球技术欠佳，那么团队的进攻就会变得困难和乏力。同样地，在防守端，每个队员的防守技术也会直接影响团队的防守效果。只有当每个队员都具备良好的防守技术，团队才能建立起稳固的防线。篮球技术也对比赛的策略和战术有着重要影响。篮球技术不仅包括基础的运球、投篮和防守技术，还包括更高级的挡拆、假动作和防守位移等战术和技术。运动员通过灵活运用这些战术和技术，可以在比赛中创造更多的得分机会，给对手造成更大的威胁。运动员通过灵活运用这些战术和技术，也可以更好地应对对方的攻防策略，发挥自己在比赛中的优势。

四、高校篮球技术的教学步骤

高校篮球技术的教学步骤是一个复杂且深入的过程，它不仅要求教师具备篮球知识和技能，还要求教师具备教学理论知识和实践技能。这个过程需要逐步进行，而且需要针对学生的具体情况进行个性化的调整和改进。具体来说，高校篮球技术的教学步骤可分为以下五个阶段（见图 3-2）。

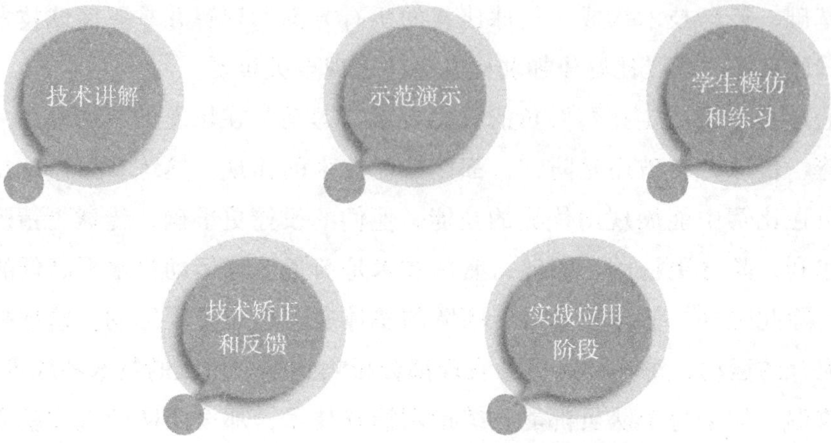

图 3-2　高校篮球技术的教学步骤

（一）技术讲解

技术讲解是建立基础理解和把握篮球技术本质的关键环节。在这个阶段，教师需要对所要教授的篮球技术进行详尽的解说，包括技术的名称、执行技术所需的基础动作、技术的运用场景以及技术的目标。这个步骤中教师的讲解需要思路清晰、有条理，充满趣味性，并且需要用易于理解的语言来讲解。这样可以确保学生对所学的技术有一个大致的概念和理解。这种理解是学习新的篮球技术，建立自我篮球技能体系的基础。教师在讲解篮球技术时应阐明每一种技术所需的身体条件，如灵活性、力量、协调性等，让学生了解和掌握在运用这些技术的过程中，身体会经历怎样的变化，哪些地方会面临挑战，又应该如何去克服。教师在技术讲解的过程中也需要解释技术的应用场景，即何时、如何、在哪些比赛环节中应用这些技术。让学生理解在不同的比赛环境和对手状况下，应该如何灵活运用和创新这些技术，以达到最佳的比赛效果。在讲解过程中，对技术的目标进行明确也十分重要。学生需要知道，学习这项技术是为了什么，是为了提高得分能力、防守能力，还是为了增强团队协作能力。这有助于学生明确自我学习的目标和动机，提高学习的积极性。

（二）示范演示

在篮球技术的教学过程中，示范演示无疑是至关重要的一环。教师通过自身的行动，向学生直观地展示篮球技术正确和规范的执行方式，引导学生形成对篮球技术的正确理解和认知，为学生日后的模仿学习和实践练习打下坚实的基础。

在进行示范演示的过程中，教师的每一个动作都应尽可能地规范和精确，要做到位、做准确，这是因为学生会把教师的示范行为视为篮球技术动作的标杆和参照。学生在教师示范的过程中，将从中领悟到动作的精髓，明白每一个动作背后所蕴含的技术理念，从而使自身的技术理解和技术动作得以逐步完善。示范演示过程中的动作重复同样较为重要。教师需要不断重复演示同一个动作，这样能使学生从不同的角度、不同的方位，在不同的时间，反复观察同一动作，从而形成更加全面、准确的技术视角认知。同样地，教师在重复演示的过程中，应该尽可能采用生动易懂的语言，对动作的每一个细节进行解说，让学生在看到动作的同时，能够理解动作的运行规律和技术要领。

在示范演示的过程中，教师不仅需要展示整个完整的技术动作，还需要将复杂的技术动作进行分解，将其拆分成几个简单易懂的部分，分步骤、分部分进行详细演示和讲解，让学生逐步理解和掌握。这样，学生既可以从整体上把握动作的流程，也可以从局部上明白动作的细节，双管齐下，更有助于学生掌握篮球技术。在具体的操作过程中，示范演示包含静态演示和动态演示两个部分。静态演示的主要目的是让学生能够详细观察和了解技术动作的每一个环节，包括动作的起始、动作的过程，以及动作的结束。而动态演示则是让学生能够看到整个技术动作的连贯性和流畅性，理解技术动作的节奏、速度和力度。在进一步深化示范时，教师应当结合实际比赛的场景，提高示范的实战性，让学生理解和掌握技术动作在实战比赛中的运用和价值。这样，学生在学习技术的过程中，就能更好地理解和把握技术动作的实际意义，明白这个动作在实际比赛中可以发挥出怎样的作用，对他们以后的比赛和训练都将产生深远的影响。

（三）学生模仿和练习

在理论讲解和示范演示之后，教师需要让学生自主进行模仿和练习，让他们通过实践的方式，把篮球技术内化为自己的动作技能。学生模仿和练习阶段正是学生对篮球技术进行理解和掌握的关键阶段。在此阶段，学生需要对前期学到的理论知识进行实践运用，对教师示范的技术动作进行模仿和练习。模仿和练习的过程，不仅可以帮助学生巩固篮球技术，还可以使他们逐步掌握和运用这些技术。

对于初学者来说，会觉得篮球技术的学习和训练较为复杂。但是学生通过不断模仿和练习，会逐渐熟悉各种技术动作，从而提升自己的篮球技术水平。在模仿和练习过程中，学生需要做到反复训练、耐心练习，每一次的模仿和练习，都是为了让技术动作更加熟练，使自己在实战中能够灵活运用各种技术。此阶段的重点是让学生深入理解技术动作的细节，掌握动作的要领，同时提高动作的准确性和稳定性。教师在此阶段的任务是，引导学生在模仿和练习中发现和解决问题，通过反馈和矫正，帮助学生不断提升自己的技术动作。当然，学生模仿和练习不应仅限于单一的技术动作，也应包括各种实战技术和战术。在练习过程中，教师应指导学生模拟实战场景，将单一技术与实战应用结合起来，提高技术的实用性。

（四）技术矫正和反馈

教师在学生进行模仿和练习之后，需要对学生的动作执行情况进行观察和评估，通过及时的反馈和指导帮助学生矫正错误动作，提升技术的正确性和精确性。

在技术矫正阶段教师的角色至关重要。教师需要细致观察每个学生的技术动作，发现其在执行技术动作时的错误，然后根据每个学生的具体情况，提供个性化的指导和矫正意见。例如，有的学生在执行投篮动作时，手腕用力过猛或过轻，导致投篮不准。此时，教师需要指导学生调整手腕的力度，让篮球在空中画出合适的弧线，以提高投篮的准确性。与此同时，反馈环节同样关键。给予学生及时和准确的反馈，是提升学生篮球技术的有效方式。

良好的反馈不仅可以让学生了解自己的进步，还可以帮助他们明白自己需要在哪些地方进行改进。反馈可以是口头的，也可以是行动的，比如教师可以亲自示范正确的技术动作，让学生更直观地理解和学习。在技术矫正和反馈阶段，教师还应鼓励学生积极主动地参与其中，进行自我反思和自我矫正。教师应提醒学生，技术的学习和提升是一个持续的过程，需要学生有自我监控和自我矫正的能力，以便在篮球技术的学习过程中，不断优化自己的动作，提高自己的技术水平。

（五）实战应用阶段

实战应用是篮球技术教学的最后一环，也是整个篮球技术教学较为重要的一部分。真实比赛环境下的实战应用能够将学生在课堂上学习的理论知识和技术动作，进行实际的运用和测试。这是提升学生篮球技术运用能力的关键一步，也是评估篮球技术教学效果的重要途径。在实战应用阶段，教师可以通过组织各种形式的比赛或训练活动，让学生在真实的比赛环境中运用篮球技术。比如，教师可以组织五人制的篮球比赛，让学生在比赛中进行攻防转换、合作传球和投篮等技术动作。学生通过比赛可以将在训练中学习的技术动作，进行运用和体验，从而更好地理解和掌握这些技术。在实战应用过程中，教师还应对学生的表现进行观察和评价，发现学生在实战中出现的问题，并提供必要的指导和帮助。例如，发现学生在比赛中防守时站位不合理，教师应及时指出，并教授学生正确的防守站位方式。学生通过教师的指导和帮助，可以在实战中不断改进和提升自己的篮球技术。

实战应用阶段不仅能提升学生的技术运用能力，还能帮助学生提高比赛经验和心理素质。在比赛中，学生需要面对各种不确定的情况，比如对方的临场改变策略，或者比赛进程的突然变化。这些情况要求学生有良好的应变能力和心理素质，能在压力下保持冷静，做出正确的判断和决策。实战应用阶段也是提升学生团队协作能力的重要环节。篮球比赛需要全队的配合和协作，每个队员都需要根据比赛情况做出有利于团队的决策和行动。学生通过实战应用，可以深刻理解团队协作的重要性，并在实践中提升自己的团队协作能力。

第二节　高校篮球的进攻技术

在高校篮球比赛中，进攻技术是决定比赛结果的关键因素之一。其实质在于球员如何通过精准的运球、传球和投篮，以及一系列复杂的战术配合，成功突破对方的防线，实现得分。进攻技术的提高需要持续的训练、反复的实践和对比赛的深入理解。

一、进攻技术的基础动作

篮球进攻技术的基础动作比较重要，这些基础动作决定了球员在比赛中的表现。它们包括运球、传球、投篮、接球、挡拆和切入等（见图 3-3）。

图 3-3　进攻技术的基础动作

（一）运球

运球是持球队员在原地或行进中，用单手连续按拍由地面反弹起来的球的一类动作方法，是篮球比赛中个人进攻的重要技术，它不仅是个人摆脱、吸引、突破防守的进攻手段，还是发动组织战术配合的重要桥梁。[①] 运球是进攻的主要方式，是比赛中的基础技术之一。好的运球技术可以帮助运动员在面对对手的防守时，保持对球的控制，还可以为运动员创造更多的进攻机会。运球技术包括许多方面，其中最基本的是保持低位运球，以确保球的控

① 任金锁，李昂．高校篮球运动教学与训练研究 [M]. 长春：吉林大学出版社，2012：91.

制和保护。运动员需要维持低重心，这样可以提高速度和敏捷性，也可以更好地保护球不被对手断掉。另外，运动员还需要学习不同的运球技巧，比如交叉运球、背身运球和转身运球等，这些技巧能够帮助运动员在面对对手的防守时，有更多的应对策略。

运球还应与视觉判断和决策应对能力相结合。运动员需要看清楚场上的局势，通过判断来决定最佳的进攻路线和时机。这就需要运动员在运球的同时，能快速分析场上的状况，做出有效的应对。在实际比赛中，每个运动员在他们的运球技术中都会有自己的特色和风格。有些运动员善于快速突破，有些擅长利用运球来进行配合。但不论哪种方式，都需要球员有扎实的运球基础，以及对比赛有深入的理解。

（二）传球

传球是篮球运动中比较重要的一种配合方式。良好的传球能力可以使比赛节奏流畅，帮助球队找到最佳的得分机会。学习和掌握各种传球技巧，对提升球队整体表现及个人技艺有较大的帮助。

在篮球比赛中，成功的传球不仅需要传球者的准确度，还需要接球者的正确判断与接球技巧。在许多情况下，传球并不仅仅是简单地将球从一处传到另一处，它涉及如何在复杂的比赛环境中，找到和创造空间，有效地瓦解防守，找到最佳的得分机会。基本的传球方式有直传、手抛传、地滚传等。但在实际比赛中，运动员需要灵活运用多种传球方式，如撕裂传、挑传、妙传等，甚至需要在运动中完成一些较具挑战性的传球，如在高速奔跑中完成的跳投传球或是转身传球。高级的传球技术则需要更高的篮球智商和更准确的判断力，需要对比赛有深入的理解，才能在比赛中做出最佳的选择。传球者需要读懂比赛，对队友的动向和对手的防守有准确的预判，从而有效传球。传球也是团队配合的重要组成部分，它需要队员之间默契配合，才能达到最佳的效果。因此，训练中除了个人的传球技术，教练也需要通过各种配合训练，培养球员之间的默契和团队意识。

（三）投篮

投篮技术是篮球比赛中最直接、最重要的得分方式，因此掌握准确的投篮技术对提高个人和球队的得分能力至关重要。在篮球比赛中，投篮的方式有许多种，包括跳投、上篮、罚球、三分球等。对于初学者而言，从最基础的投篮动作开始训练是至关重要的。投篮时，球员需要将手尖指向篮筐，膝盖微曲，手臂和手腕以一种流畅的方式弹出篮球。手掌应面向自己，手指朝向篮筐。在投篮过程中，目标的集中和投篮动作的连贯性都是至关重要的。高级的投篮技术，包括在各种压力下、在不同角度和距离下进行投篮。运动员需要对投篮的力度、角度和时机有深刻的理解和掌握，而这种理解和掌握需要在大量的训练和比赛中不断积累和提高。

（四）接球

接球是篮球比赛中的基础动作。接球时，运动员需要准确判断篮球的飞行路线和速度，以便准确、迅速地接住篮球。接球技术包括多种方式，如面部接球、胸部接球、腹部接球和侧身接球等。在接球时，运动员需要用眼睛看着篮球，用手臂和手部进行接球动作。接球的关键是灵敏的反应能力和准确的判断力，这对提高比赛的流畅性和减少失误至关重要。在训练中，运动员需要大量练习接球技术，以提高接球的稳定性和准确性。运动员还需要训练在多种比赛情况下的接球，比如在高速运动中的接球、在对方防守压力下的接球等。

（五）挡拆

在篮球比赛中，挡拆技术是一种有效的进攻手段，可以帮助运动员创造投篮机会或制造对方犯规的机会。在挡拆中，球员会为持球的队友设立“挡”（也就是自己的身体），阻碍防守球员的移动，然后这名球员会突然拆离，通常是向篮筐或空位方向运动，以接住传球或制造投篮机会。在执行挡拆时，两名球员的配合较为重要。设立“挡”的球员需要选择正确的位置，通常是在防守球员的盲区，这样可以最大限度地影响防守球员的移动。而持球的球员在看到挡拆后，需要迅速做出决策，是直接突破，还是将球传给已经拆离的队友。挡拆是一种比较灵活的进攻技术，可以在多种场景下使用，比如在半场进攻中，或者在快攻中。运动员通过多次训练和实战，可以提高挡拆技术的效果，也能提高与队友的默契度。

（六）切入

切入技术是篮球比赛中的一种有效进攻方式，其目的是利用防守球员的不注意或位置的空当，快速接球并进行投篮。在进行切入时，运动员需要有敏锐的观察力和判断力，以便找到切入的最佳时机和路线。切入的方式有很多种，如直线切入、曲线切入、后门切入等。无论哪种切入方式，都需要运动员有优秀的身体素质，包括速度、力量和敏捷性。切入也需要队友的支持，包括及时的传球和有效的挡拆。在训练切入技术时，运动员需要模拟比赛中的各种情况，以提高切入的成功率。例如，运动员可以模拟在对方防守压力下的切入，或是在复杂的战术布置中的切入。这样可以帮助运动员在比赛中更好地应对各种情况，提高切入的成功率。

以上就是篮球进攻技术的基础动作，每一种动作在篮球比赛中都扮演着重要的角色。在实战中，运动员需要灵活运用这些技术提高自己的比赛表现。在训练中，教练需要根据球员的特点和比赛的需要设计出有针对性的训练内容，帮助运动员提高技术水平。

二、进攻技术的高级动作

在篮球比赛中，要实现对手防线的有效打破并最终得分，除了基础的进攻技术，还需要掌握一些高级的进攻动作。高级进攻动作包括欧洲步、撤步跳投、挑篮、抛投等（见图 3-4）。这些动作更具技术性和挑战性，需要运动员经过长时间的训练才能掌握。

图 3-4　进攻技术的高级动作

（一）欧洲步

欧洲步是一种来自欧洲的进攻动作，在篮球比赛中常常使防守球员防不胜防。运动员使用熟练的步伐和运球技术，以及出色的身体协调能力，从而在对抗中创造投篮空间。在篮球比赛的各个层次中，欧洲步都被广泛使用，因为它能够很好地应对对手的防守压力，无论是面对一对一的防守，还是面对多重防守，欧洲步都能够给运动员创造投篮的机会。欧洲步的核心是在连续的两步中进行方向变化。运动员在使用欧洲步时，会先向一个方向迈出第一步，然后在第二步时改变方向，这样就能使防守球员失去防守的位置，从而为运动员创造投篮的机会。在使用欧洲步时，运动员需要有很好的身体协调性和节奏感，因为只有这样，才能在高速运动中准确地控制自己的步伐和方向。

欧洲步并不是一种简单的技术，要想熟练掌握，需要大量的训练和实战经验。运动员在训练中，要不断练习自己的步伐，提高运球和步伐的协调性，以及在高速运动中进行方向变化的能力。此外，运动员还要通过观看录像，学习其他优秀运动员的欧洲步技术，从而不断提高自己的技术水平。在比赛中运动员可以结合自己的特点，灵活运用欧洲步。比如，对于身体素质优越的运动员，他们可以通过强力的欧洲步冲破对手的防守，直接上篮得分；而对于技术型的运动员，他们可以通过巧妙的欧洲步在对抗中找到投篮的空间，从而实现远距离投篮。无论哪种方式，欧洲步都能为运动员带来更多的得分机会。

（二）撤步跳投

撤步跳投是一种高级的进攻技术，它需要运动员在一瞬间做出准确的判断，然后利用出色的身体平衡能力和精准的投篮技术，将球投入篮筐。撤步跳投在很多时候都能为运动员提供投篮的机会，因此在篮球比赛中，掌握撤步跳投技术，对于提高得分效率较为重要。撤步跳投技术是运动员在运球过程中，通过一个突然的撤步动作创造出足够的投篮空间，在撤步的同时迅速起跳，然后完成投篮。在这个过程中，运动员需要有出色的身体平衡能力，因为只有这样，才能在高速运动中稳定地完成投篮动作。运动员还需要有精准的投篮技术，因为撤步跳投通常发生在比较远的距离，所以投篮的准确度对于得分比较关键。在训练撤步跳投的时候，运动员要不断地练习自己的撤步动作，提高身体平衡能力以及投篮的精准度。这需要大量的基础训练，包括力量训练、灵敏度训练、协调性训练等。运动员也要通过观看录像，学习其他优秀运动员的撤步跳投技术，从而提高自己的技术水平。

在比赛中，撤步跳投可以作为运动员的一个重要的得分手段。当运动员面对防守球员的紧逼，或者在无法直接突破防守时，撤步跳投可以帮助运动员找到投篮的机会。运动员通过撤步跳投还可以打破对手的防守节奏，从而给队友创造更多的得分机会。因此，掌握撤步跳投技术，对于提高运动员的进攻效果较为重要。

（三）挑篮

挑篮动作涉及运动员的手眼协调、身体平衡和控球技巧，是需要反复训练和实战锻炼才能熟练掌握的。挑篮的过程中运动员要快速突破冲进防线，这一步骤对于防守者来说无疑是较为困扰的，因为他们必须瞬间做出反应。挑篮动作通常在运动员跃起的瞬间开始，并且运动员需要掌握一定的控球技巧和判断力，确定何时应该进行挑篮。挑篮技术的要点包括手眼协调、身体平衡和步伐控制，而这些要素都需要运动员有一定的身体条件和技术基础。在训练挑篮技术时，运动员需要注重的是力量、灵活性、协调性和平衡性的提高，这样才能保证挑篮的成功率。

挑篮在篮球比赛中运用广泛，因为它既可以在防守者身前得分，也可以在防守者防守严密的情况下寻找得分机会。运动员通过反复的训练和实战应用，能够有效地提高挑篮的成功率，从而在比赛中创造得分机会。

（四）抛投

抛投是一种相对复杂的投篮技术，需要运动员具有良好的身体协调性和平衡性。抛投技术在篮球比赛中的运用较为广泛，无论是中距离的定位投篮，还是在篮下对抗中的上篮，都会用到抛投技术。抛投的过程通常是在运动员起跳的瞬间，利用手腕的力量将球抛向篮筐。这种技术看似简单，但实际上需要运动员有精准的力量控制和稳定的身体平衡。在进行抛投时，运动员需要控制好力量和角度，还要注意保持身体的平衡。抛投技术要求运动员反复练习，以提高其手腕力量和控制力。运动员应该学习如何在不同的角度和位置进行抛投，从而在比赛中对抛投技术有更深的理解和应用。在比赛中，抛投技术可以帮助运动员在防守压力下找到投篮的机会。抛投技术也可以在篮下的对抗中提供一种有效的得分手段。因此，抛投技术的掌握和运用，对提高运动员的进攻效率和得分能力较为关键。

总之，对于高级进攻技术的训练，运动员需要有明确的目标和计划，比如每天练习一定的次数，每周掌握一种新的技术。运动员也需要有耐心和毅力，因为高级进攻技术的掌握需要大量的练习和实战经验。在训练中，教练的指导和队友的配合也比较重要，他们可以给运动员提供反馈，帮助运动员不断改正技术动作，提高技术的实战效果。

三、进攻技术的训练方法与技巧

篮球进攻技术的训练包括对基础技能的磨炼和对更复杂的技术动作的掌握，更重要的是如何把这些技术应用到比赛中，体现在实际的得分效果上。训练篮球进攻技术需要明确技术动作的基本要素，然后在大量练习中逐步提高。

技术动作的基本训练是提高篮球技术的基础。对于初学者来说，学习篮球技术动作的过程就是从模仿到习惯，再从习惯到灵活运用的过程。初始阶段，运动员应该在教练的指导下，模仿和重复正确的技术动作，养成良好的技术动作习惯。然后在练习中逐步提高动作的准确性、稳定性和速度，使技术动作熟练到自动化程度。另外，不同的比赛场景中需要运用不同的进攻技术，所以训练时也需要模拟实战场景，让运动员在实战中更好地运用进攻技术。例如，在无球跑动的训练中，可以设置不同的防守压力，让运动员在接球、转身、投篮等动作中，更好地处理和防守者的身体对抗。在有球突破的训练中，可以设置不同的防守形式，让运动员根据防守的变化，做出正确的突破决策。除技术动作的训练外，还需要进行体能训练，提高运动员的力量、速度和耐力，这对于提高进攻技术的效果十分重要。体能训练包括力量训练、速度训练和耐力训练，这三方面的训练应该相辅相成，共同提高运动员的体能素质。力量训练可以提高运动员的投篮距离和突破能力，速度训练可以提高运动员的反应速度和爆发力，耐力训练可以确保运动员在比赛中的持久性。更高级的进攻技术训练需要在熟练掌握基础技术动作的基础上进行，这包括运动员对于篮球比赛规则的理解，对于比赛策略的理解，以及对于个人技术特点的理解。高级的技术训练应该以实战模拟为主，让运动员在接近比赛强度的训练中，提高对于进攻技术的运用能力。

四、进攻技术的实战应用要求

篮球进攻技术的实战应用是一种对篮球技术理解和掌握的综合体现，是运动员在比赛中实施有效进攻，获取得分的关键。因此，运动员在训练中，不仅要熟练掌握各种技术动作，提高自己的技术水平，还要学会如何在比赛中运用这些技术，如何面对不同的防守情况，做出正确的进攻决策，如何与队友配合，共同完成进攻。这些都是篮球进攻技术训练的重要内容，也是提高比赛成绩的关键。具体来说，进攻技术的实战应用要求主要包括进攻技术的连贯性、决策的正确性和与队友的配合（见图 3-5）。

应用要求一
进攻技术的连贯性

应用要求二
决策的正确性

应用要求三
与队友的配合

图 3-5　进攻技术的实战应用要求

（一）进攻技术的连贯性

在篮球这一运动项目中，技术的连贯性对于运动员在比赛中的优秀表现至关重要。运动员需要掌握各种技术动作，这样才能在实际比赛中无缝连接，形成一种流畅、富有节奏的比赛风格。这不仅需要运动员在技术上有足够的精度，还需要在理解和执行比赛战术上有足够的智慧。

在一次成功的进攻中，投篮、传球、突破、假动作等技术动作并非单独存在。它们是为了完成同一目标——得分而互相关联、互相补充的。理解并执行这些技术动作的连贯性，对于提高比赛的效率至关重要。接球是进攻的第一步，但接球的方式和时间点，决定了接下来的行动。例如，准确度高、意识到空位的球员，会在正确的时间、正确的位置接球，从而让自己有足够的时间和空间来做出下一步的决策。接到传球后，运动员常用假动作来摆脱防守者。假动作可以是步伐的变化、身体的晃动，或者是眼神的转移。利用假动作，运动员可以让防守者做出错误的判断，从而得到进攻的机会。在成功摆脱防守者后，运动员需要做出进攻的决策。这个决策可以是投篮，也可以是继续突破。无论哪种选择，都需要运动员有一定的技术和判断力。投篮需要准确的投篮技术和正确的投篮决策，突破则需要灵活的步伐、出色的控球技术以及判断和反应的能力。

无论是接球、假动作、投篮还是突破，这些技术动作都不是孤立的，它们在一次进攻中紧密关联、相互补充。每个动作的执行都影响着下一个动作的选择和执行。这种连贯性不仅需要运动员熟练掌握各种技术动作，还需要运动员理解比赛、理解战术，做出正确的决策。这种理解和决策能力是运动员通过大量的训练、比赛积累和提高的。而当这些元素结合在一起就能形成一次高效、流畅、成功的进攻。

（二）决策的正确性

篮球比赛中决策的正确性是高校篮球进攻技术的重要一环。对于球员来说，他们的决策直接影响着比赛的局势，影响着一场比赛的胜负。一次正确的投篮选择、传球决策或者犯规判断，都可能改变比赛的走势，赢得胜利的机会。进攻时的决策直接关系球队的战术执行。比如，球员应该何时投篮、何时传球、何时突破、何时选择牵制对方的防守等。合适的决策能够让球队的进攻更有序、更有针对性。如果每个球员都能够在进攻时做出正确的决策，那么无论是个人还是团队，都会得到更好的进攻效果。对于决策的正确性需要提到的是它并不是一成不变的。根据比赛的具体情况，决策的依据也会有所不同。根据对方的防守策略、比赛时间、队员的身体状况，球员在场上的决策会有不同的选择。所以，决策的正确性并不仅仅是一种理论，更是一种实战中的综合运用。球员决策的正确性不仅需要依赖于自身的经验和理解，还需要依赖于对队友、对手、比赛规则等多方面的理解和把握。只有全面考虑，才能做出合适的决策。球员在场上的决策，不仅影响着自己，还影响着队友和整个球队。

为了提高球员决策的正确性，球员需要不断地学习和积累经验。球员通过反复训练，模拟比赛的各种情况，提高对比赛的理解和判断能力，从而在比赛中做出更好的决策。教练也需要不断指导球员，提高球员的决策能力。

（三）与队友的配合

篮球比赛是一项团队运动，与队友的配合至关重要。没有良好的配合，即便拥有超群的个人技术，也难以在比赛中取得优势。在高校篮球的进攻技术中，与队友的配合是发挥集体优势，打败对手的重要方式。它涉及团队的整体协作，是个人技术应用的进一步深化，也是篮球比赛的核心之一。

篮球场上的配合不仅仅是球员之间的互动，也包括教练对于战术的设计与指导。教练需要了解每位球员的技术特点，充分发挥每位球员的优势，以达到最佳的效果。球员之间的互相理解与默契，能够更好地执行教练的战术，形成有力的进攻。一次成功的配合需要多种因素的共同作用，包括球员的视野、判断能力、传球技术、篮球智商，以及对比赛规则的理解等。这些因素相互影响、相互配合，才能形成一次成功的进攻。在这个过程中，球员需要有出色的篮球技术、篮球智商，以及团队合作精神。

在高校篮球教学中，应该注重培养球员与队友配合的能力。这需要教练通过一系列的训练和比赛来进行。例如，教练可以通过二人、三人、五人等不同人数的小组比赛来训练球员的配合意识和配合技巧。教练也可以通过观察比赛，反馈指导，让球员理解并改正在配合中出现的问题。与队友的配合不仅仅适用于进攻，也同样适用于防守。在防守中，球员需要与队友配合，共同阻挡对方的进攻。这需要球员具备良好的防守意识、防守技巧，以及团队合作精神。

第三节　高校篮球的防守技术

防守技术在篮球比赛中占据着至关重要的地位。在高校篮球教学中，同样需要重视防守技术的训练与实践。下面将详细解析防守技术的基础动作、高级动作、训练方法与技巧以及实战应用要求，帮助高校球员理解防守的重要性，掌握防守的基本技巧，并通过实际应用提升运动员在比赛中的防守水平，为球队的胜利奠定坚实的基础。

一、防守技术的基础动作

在篮球比赛中，防守技术的基础动作占据着重要的位置。如果没有基本的防守技术，那么无论对手如何进攻，球员都难以有效地进行防守。篮球防守技术的基础动作主要包括防守步伐、防守姿势以及利用身体阻挡对手（见图 3-6）。

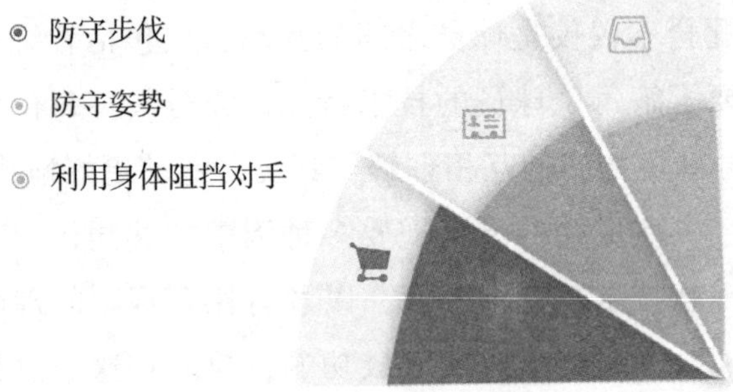

图 3-6　防守技术的基础动作

（一）防守步伐

在篮球比赛中，防守是赢得比赛的关键，而防守步伐则是防守的基础。无论是面对速度突破还是面对复杂的组织进攻，只有掌握了正确的防守步伐，球员才能有效防守。因此，对于任何一个希望提高篮球防守技术的球员来说，防守步伐都是必须熟练掌握的技术之一。球员通过理解防守步伐的重要性，学习和训练防守步伐的技术细节，将能够在防守中更好地应对对手，提高防守效果。

防守步伐的重要性在于其允许防守球员对进攻球员的突然动作做出快速反应，同时能够更好地保持防守位置。在防守过程中，进攻球员会利用速度突破、突然改变方向或是假动作等多种方式试图摆脱防守。如果防守球员能够熟练运用防守步伐，及时做出反应并重新调整位置，就能够成功阻挡对方的进攻。防守步伐的基本形式是滑步，其主要特点是两脚始终保持一定的距离，不允许出现交叉步。这样做的原因是交叉步会使防守球员的重心不稳，而滑步则能够让防守球员始终保持稳定的重心，从而更好地应对进攻球员的变化。在实际运用中，防守步伐的方向和大小需要根据进攻球员的动作来灵活调整。如果进攻球员突然冲击篮筐，防守球员就需要迅速后退，以保持与进攻球员的距离。这时候防守球员的步伐会比平时大一些，但仍然要保持滑步的形式。如果进攻球员突然改变方向，防守球员需要尽快转身，将身体重新调整到防守位置。在这个过程中，防守球员的步伐会比平时小一些，以确保可以迅速转身并重新定位。

防守步伐的训练需要防守球员不断重复和实践，目的是让这一技术变得熟练到可以在比赛中无须思考就能自动做出反应。训练防守步伐时，可以先从简单的滑步开始，然后逐渐增加难度，如增加后退、转身等动作，也可以通过模拟比赛的形式，让防守球员在实际防守中训练防守步伐。

（二）防守姿势

防守姿势虽然只是防守技术的一部分，但其对于防守效果的影响不容忽视。正确的防守姿势，可以让球员在比赛中更好地应对对手的进攻，提高自己的防守效果。因此，对于任何希望提高篮球防守技术的球员来说，防守姿势都是必须熟练掌握的技术之一。防守姿势的基本要求包括低重心、双手张开、视线始终对准对手，以及保持身体与地面的稳定性。低重心可以增加球员的稳定性和灵活性，使得球员能在对手突然改变方向或速度时迅速做出反应。双手张开可以扩大防守的范围，使得球员能更有效地防守对手的传球和投篮。视线始终对准对手则可以让球员随时掌握对手的动态，以便及时做出防守反应。而保持身体与地面的稳定性则是为了防止在对手的突破或冲撞中失去平衡，降低防守效果。在实战中，防守姿势的应用需要根据对手的进攻方式和技术特点进行调整。例如，对于善于速度突破的对手，防守球员需要降低重心，增加步伐的灵活性，以便在对手突然加速时能够迅速调整防守位置。对于善于投篮的对手，防守球员需要更加利用双手张开的优势，增加对手投篮时的干扰，降低对方的投篮准确性。而对于善于使用身体冲撞的对手，防守球员需要更加关注保持身体与地面的稳定性，防止在对方的冲撞中失去防守位置。

防守姿势的训练同样需要大量的重复和实践。在训练过程中，球员需要反复练习防守姿势的基本要求，以提高自己在比赛中的反应速度和稳定性。球员也可以通过模拟不同的比赛场景，在实际防守中调整自己的防守姿势，提高自己在面对不同对手时的防守效果。

（三）利用身体阻挡对手

在篮球运动中，利用身体阻挡对手是一种比较有效的防守技术。防守球员通过正确地使用身体阻挡，可以限制进攻球员的活动范围，打乱其进攻节奏，甚至直接阻止其投篮或传球。

利用身体阻挡对手的关键在于将身体作为障碍，阻止进攻球员向篮筐进攻或寻找传球线路。这需要防守球员始终保持对球的防守，同时预判并阻止进攻球员的移动路线。在执行身体阻挡时，防守球员需要保持低位姿势，使用身体的侧面或胸部对抗进攻球员，尽可能扩大自身的防守范围。需要注意的是，虽然身体阻挡是一种有效的防守技术，但是防守球员在使用时也必须遵守比赛规则，避免出现犯规的情况。这就需要防守球员在身体对抗中控制好力度，尽量以身体的侧面或胸部接触对方，而不是使用手臂或肘部进行阻挡。在实战中，利用身体阻挡对手的技巧需要根据对手的特点和比赛的实际情况进行灵活运用。如果对手是身体强壮、善于利用身体冲撞的进攻球员，那么防守球员就需要保持稳定的防守姿势，用自己的身体去抵挡对方的冲击。如果对手是速度快、善于突破的球员，那么防守球员就需要预判对方的移动路线，及时调整位置，用身体阻挡住对方的突破路线。对于利用身体阻挡对手的训练，主要可以通过实战演练和特定的防守练习来进行。在实战演练中，可以让球员尝试在不同的防守情况下使用身体阻挡对手，如在对抗练习中，让球员实际体验如何对抗身体强壮的进攻球员，或是如何阻挡速度快的球员。球员通过反复的实战演练，可以逐渐提高利用身体阻挡对手的技巧。

二、防守技术的高级动作

在篮球运动中，防守技术的高级动作是将基础动作提升到更高水平的关键。这类动作通常包括了更复杂、更有技巧性的动作，需要运动员有较高的身体素质、技术水平和对比赛的理解。以下是对篮球防守技术的高级动作的介绍（见图 3–7）。

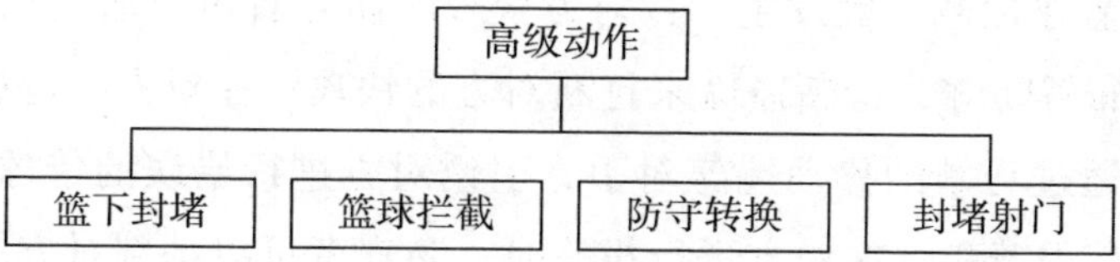

图 3–7 防守技术的高级动作

（一）篮下封堵

在篮球比赛中，防守端的篮下封堵技术占据了至关重要的地位。篮下封堵即在对手企图完成上篮或扣篮得分时，防守者跃起，以身体和手部改变或干扰投篮球员的投篮轨迹，达到阻止对方得分的目的。封堵技术依赖于球员的反应能力、跳跃能力以及对比赛的瞬间判断。防守者需在对手进攻时迅速做出反应，想办法阻挡对方投篮。空中稳定性和对投篮轨迹的预判同样重要，防守者须保持空中稳定性，避免因为身体的晃动而影响封堵的效果。同时，对对方投篮轨迹的准确判断，能让防守者把手放在封堵成功的位置。

实战中篮下封堵的成功率可以通过一些方式提高。保持警惕，随时准备起跳封堵，是基本要求。理解自己的防守角色，知道何时何地封堵最有效，对提高防守效率也有帮助。不过，在避免被对手得分的同时，防守者还须注意不要过度阻挡而造成犯规。尽管封堵是防守中重要的一环，但并非所有防守者都适合执行这一动作。高个子，尤其是中锋和大前锋球员，凭借出色的身高和跳跃能力，更适合在篮下形成封堵威胁。他们的存在，能给对手形成较大的心理压力，降低对方的进攻效率。

（二）篮球拦截

篮球拦截要求防守者能在对方传球的瞬间，准确判断传球方向，提前移动至防守位置，抢先于对方接球人接触到篮球，达到截取对方球权的效果。进行篮球拦截需要防守者具备出色的观察力和判断力，这样才能在较短的时间内预测对方的传球路线。篮球拦截对防守者的反应能力也有较高要求，能在预判成功后瞬间进行拦截。此外，身体素质也很重要，防守者需要有出色的跑动速度、灵活的转身能力等，以便迅速抵达防守位置。

实战中篮球拦截一般发生于：对方快攻时防守者可以通过预判对方的传球路线抢先布置防守，抢断篮球来打断对方的快攻；在对方进行进攻组织时，防守者可以通过巧妙的移动迷惑对手，引诱对方进行错误的传球，然后抢断篮球，重新获得球权；在对方进行投篮时，防守者可以预判对方的投篮轨迹，抢先到达接球位置，抢断篮球，防止对方得分。篮球拦截虽然是防守的重要手段，但防守者在实施时也不能过度冒险。过度的冒险行为会使防守者失去防守位置，反而给对方创造更多的得分机会。所以，防守者在进行篮球拦截时需要灵活运用防守策略，根据比赛的具体情况做出合适的决定。

（三）防守转换

篮球比赛的快节奏和高强度要求球员能迅速适应进攻与防守的转换，其中，防守转换技术显得尤为重要。这个技术涉及在失去球权后，球员能迅速调整自身位置，回到防守区，形成有效防守。防守转换是一种要求球员具备快速判断和行动力的技术，在判断失去球权的一瞬间就能立刻反应，迅速回防。这既包括物理上的回防，也包括心理上的转换，意识到已经从进攻状态转变为防守状态。有效的防守转换需要良好的队形，全队球员要有明确的分工，知道谁负责盯防，谁负责补防，谁负责防守篮板。只有当每个人都明确自己的职责，才能构成一道坚实的防线。

在具体实施中，球员应当注意速度、位置和防守姿态。回防的速度越快，防守形成的时间就越早。在位置上，防守球员需要尽量阻挡对手向靠近篮筐的方向传球，并留意传球路线。防守姿态也比较关键，防守球员需要保持低位，准备随时改变移动方向。需要注意的是，防守转换是一种团队行动，需要全队协作才能形成有效的防守。防守转换也不是一味地回防，还需要结合实际情况，进行必要的策略调整，如在对方反击快攻的时候，选择放弃防守篮板，全力回防。

（四）封堵射门

篮球比赛中封堵射门也是防守的重要技术之一，其目的是阻挡对方的投篮或扣篮，尽可能降低对方的得分机会。封堵射门除了身高和跳跃能力外，还需要防守者具有良好的预判能力和反应速度。封堵射门是一种需要较高专注度的技术，防守者需要密切关注持球人的每一个动作，通过他的手势、眼神，甚至是呼吸，来预判他的投篮时机和篮球的落点。防守者还需要保持良好的身体姿态，准备随时跳起封堵。

成功封堵射门既可以阻止对方得分，也可以给对方造成心理压力，这样对方在以后投篮时会更加谨慎，甚至出现失误。因此，封堵射门技术对于防守效果具有重要影响。在实际应用中，封堵射门技术并不是在所有情况下都适用。当防守者和进攻者身高差距较大，或者进攻者已经找到了极佳的投篮位置时，防守者过度的封堵射门动作会导致犯规，反而给对方带来罚球得分机会。此时，防守者应当更加重视防止对方进一步接近篮筐或者找到更好的投篮机会，而不是单纯试图封堵射门。封堵射门技术也需要全队配合。当防守者选择跳起封堵时，他的防守区域就会暴露出空当，此时需要其他队员及时补防，避免对方利用这个空当进行突破或者找到空位人。因此，封堵射门技术既是个人技术，也是团队技术，需要全队的配合和信任。

三、防守技术的训练方法与技巧

篮球防守技术的训练方法与技巧是一门学问，它需要从基础动作的训练、专项技术的训练、体能训练、战术训练、心理训练等多个方面进行考虑。训练不仅仅是技术动作的重复，更是在每次训练中都有所学习、有所思考、有所提高。那么，如何进行篮球防守技术的训练呢？

基础动作的训练是篮球防守技术训练的基础，主要包括防守步伐、防守姿势、利用身体阻挡对手等。在训练中，学员不仅要重复练习，还要理解这些基础动作的原理和目的，知道在什么情况下使用这些动作，如何与其他动作配合，使这些基础动作真正成为自己的技能。专项技术的训练是提高篮球防守技术的关键。例如，封堵射门、篮下封堵、篮球拦截、防守转换等高级技术的训练。这些训练需要针对性的设计，每个阶段都有明确的目标，学员可通过多种训练形式，如对抗训练、模拟比赛、视频教学等进行训练。体能训练是篮球防守技术得以有效执行的保证。篮球比赛需要有足够的体能才能在比赛中发挥出防守作用。因此，体能训练是防守技术训练的重要组成部分，包括有氧训练、力量训练、速度训练、灵活性训练等。战术训练是提高篮球防守技术应用能力的重要途径。学员通过战术训练，可以理解和掌握各种防守战术，知道在比赛中如何根据战术要求进行防守，如何与队友配合，如何针对对方的攻击方式进行防守。心理训练是提高篮球防守技术的另一个重要方面。比赛中的防守不仅要有技术，还要有足够的心理素质，能在比赛中保持冷静，有信心应对各种情况。通过心理训练，可以提高学员的心理素质，使他们在比赛中有效防守。

四、防守技术的实战应用要求

在高校篮球教学中，并非简单地要求将防守技术高级动作运用到比赛中，而是需要考虑多种因素，以期在实际比赛中提升防守效果（见图 3-8）。

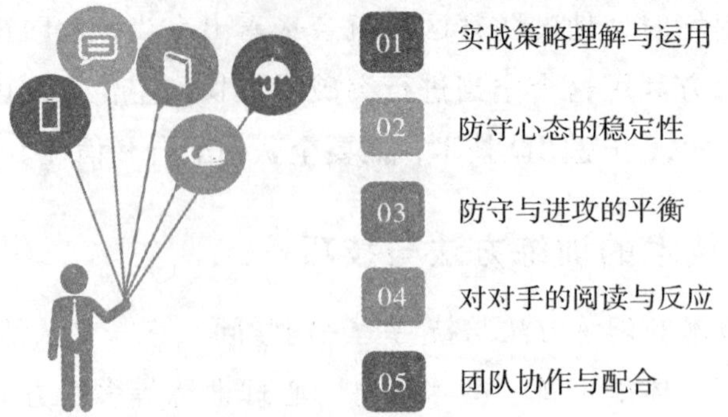

图 3-8　防守技术的实战应用要求

（一）实战策略理解与运用

防守策略在篮球比赛中起着关键的作用，高效、有针对性的防守策略能够让球员在面对不同对手时，最大限度地发挥出自身的防守优势。这里的策略，包括但不限于阵形选择、人员分配、换人防守、补防等方面的内容。对策略的理解与运用，是防守技术在实战应用中不可或缺的一部分。防守阵形选择是防守策略的重要组成部分，不同的防守阵形针对不同的进攻策略，有着不同的效果。例如，实战中常见的人盯人防守和区域防守，它们各有优势与不足，球员需要根据教练的要求，及时调整自己的防守阵形，这对于掌握防守节奏、干扰对手的进攻节奏具有重要作用。人员分配是防守策略中的又一关键环节，正确的人员分配能够让球队的防守更具针对性。例如，在面对有特定得分手的对手时，会有专人负责对其进行防守，限制其得分。换人防守与补防是防守策略中的常见手段，它们都需要球员具备高度的观察力和判断力，才能在比赛中准确执行。换人防守常出现在对手进攻球员进行传球后，防守球员根据情况快速交换防守对象。而补防则是在队友失位，无法防守对手进攻球员时，其他球员及时过来阻挡，防止对方轻松得分。

（二）防守心态的稳定性

篮球比赛是一种高强度、高压力的体育竞技活动，球员的心态会直接影响比赛的结果。在防守技术的实战应用中，心态的稳定性对于提高防守效果具有重要作用。稳定的防守心态能够让球员在面对压力时，仍能保持冷静，做出正确的决策。

防守心态的稳定性既包括如何面对自己的失败，也包括如何处理对手的成功。在比赛中，防守球员会面临对方球员的连续得分、被突破、犯规等情况，这些都是对防守心态的严峻考验。面对这些挫折，球员需要保持冷静，快速调整自己的防守策略，而不是陷入过度紧张或者自我怀疑的情绪中。同样地，对于对方球员的成功，如连续得分，球员也需要冷静对待，分析自己防守中的问题，而不是对自己失去信心。防守心态的稳定性还表现在如何处理防守压力上。在篮球比赛中，防守球员常常要面对进攻球员的强烈进攻压力，在这种压力下做出正确的决策，是防守心态稳定的重要体现。例如，当对手进行快攻时，防守球员需要在短时间内做出判断，是跟进防守，还是放弃防守准备反击，这都需要球员有稳定的防守心态。防守心态的稳定性也体现在如何应对比赛中的不确定性。篮球比赛的情况千变万化，防守球员需要在应对不断变化的比赛情况时，保持心态的稳定性。例如，当比赛进入关键时刻，或者是在进行防守决胜局时，防守球员需要保持冷静，不能因为压力大而导致防守失误。

（三）防守与进攻的平衡

篮球比赛中防守和进攻是两个密不可分的部分，它们需要互相配合，才能获得比赛的胜利。在防守技术的实战应用中，防守与进攻的平衡也是较为重要的。

防守与进攻的平衡表现在体力管理上。在篮球比赛中，球员需要同时进行防守和进攻，这对体力的消耗是较大的。球员需要合理分配自己的体力，既要在防守时全力以赴，又要保留一部分体力用于进攻。这既需要球员有很好的体能和耐力，也需要他们对比赛节奏有一定的控制力。防守与进攻的平衡还表现在比赛策略上。球队在进行防守时，需要考虑防守成功后的进攻策略。例如，防守球员在拦截对手传球或者抢断成功后，需要快速转换到进攻状态，利用对手防守不稳定的时机，进行快攻得分。防守与进攻的平衡也体现在心理状态的管理上。在篮球比赛中，球员在进攻和防守之间切换，会对心理状态造成影响。球员需要在防守失败后，快速调整心态，进入进攻状态。相反地，进攻成功后，也要迅速准备好进行防守。

（四）对对手的阅读与反应

在篮球比赛中，理解并预测对手的行动是提高防守效果的重要手段。能够准确阅读对手的行动意图，可以帮助防守球员做出更快、更准确的反应，从而提高防守效果。

对对手的阅读涉及多个方面，包括对手的技术特点、进攻习惯、心理状态等。防守球员通过对这些信息的收集和分析，可以制定出更具针对性的防守策略。例如，对于善于投篮的对手，防守球员可以提前布置，尽量限制其接球和出手的空间；对于善于突破的对手，防守球员可以尽量限制其突破路线，迫使其改变进攻方式。对于阅读到的信息防守球员需要迅速做出反应。这需要球员有很高的反应速度和决策能力。例如，当防守球员发现对手准备突破时，需要立即改变防守姿态，准备阻挡；当发现对手准备投篮时，需要立即贴近对手，准备封堵。阅读对手并做出反应是一个需要长时间训练和实战经验的过程。防守球员需要在训练中不断提高自己的观察力和判断力，在比赛中积累经验，不断优化自己的防守策略。

（五）团队协作与配合

篮球是一项团队运动，在比赛中，防守的成功往往依赖于整个团队的紧密配合。作为团队的一员，球员的防守行动不仅关乎自己，还影响着全队的防守效果。因此，如何与队友进行无缝配合，如何通过防守来支持和帮助队友，成为实战中必备的技能。

团队协作在防守时的体现主要包括换人防守、补防、双人防守等策略。例如，在换人防守时，需要球员之间有很高的默契度，才能在换防时做到无缝连接，避免给对手留下进攻的空当。在补防时，需要球员对场上的形势有敏锐的观察力，能够及时发现并填补队友的防守空位。在双人防守时，需要两位球员配合默契，共同限制对手的进攻。防守中的团队协作也表现在对队友的支持上。一方面，防守球员需要在防守时关注队友的情况，当队友处于防守困境时，要能够及时过去帮助。另一方面，防守球员也需要在防守失败后，得到队友的支持和鼓励，帮助他快速调整状态，继续进行防守。防守中的团队协作还表现在共享信息上。在比赛中，球员需要及时将自己观察到的信息，如对手的进攻习惯、防守弱点等，分享给队友，帮助整个团队改进防守策略。

第四节　球员之间的配合技术

篮球作为一项集体竞技运动，在赛场上单打独斗往往难以取得好的效果。配合技术则成了每支球队成功的关键因素之一，不仅能够提高球队的进攻效率，还能够最大限度地发挥每名球员的潜能。

一、配合技术的类型与特点

配合技术的使用不仅需要球员之间的默契和熟练的技术，还需要对比赛的洞察和敏感的战术意识。在高校篮球中，教练应该注重配合技术的培训和实战应用，使球队在比赛中能够更好地发挥其整体实力。以下是一些常见的配合技术的类型（见图 3-9）。

图 3-9　配合技术的类型

（一）传球与接球配合

传球与接球是篮球比赛中的基础技术，但在配合技术中有着特殊的意义。球员通过巧妙的传接球配合，可以迅速打破对方的防守布局。

1. 快攻传球

快攻传球体现在篮球比赛中高效、节奏化的进攻，其目的是迅速突破对手的防守，使对手无法有效布置防线，从而轻松得分。在篮球的整个进攻策略中，快攻传球是较为致命的一招。当球员成功抢断或抢下篮板后，他会迅速将球传给已经准备好开始进攻的队友，进而形成人数优势或位置优势的进攻机会。成功的快攻传球依赖于球员的高度警觉、良好的身体协调性、出色的传球技巧以及与队友的默契配合。短时间内做出判断，寻找最佳的传球时机和接球点，再结合队友的跑位，这种配合能够轻松地制造出得分机会，迅速拉开与对手的差距。

2. 控球与分球

控球后卫被誉为球队的“大脑”，需要在进攻中承担起组织、分配和调控节奏的任务。他们持球推进，眼观六路，耳听八方，通过对场上局势的快速判断，决定是自己进攻还是分球给队友。分球作为篮球技术中的一部分，它并不仅仅是简单地将球传给另一个队友，而是在对整个场上局势进行判断和分析的基础上，选择能够为球队创造得分机会的方式和对象进行传球。在整个进攻布局中，控球与分球技术的应用，将直接决定球队能否形成有效的进攻。

3. 挑传与直塞

挑传与直塞是突破紧密防守的有效工具。挑传通常用于突破高度防守球员的盯防，利用高抛的传球，使接球球员能够在空中接球并完成进攻。挑传的成功很大程度上取决于传球的高度、速度和角度。与此相反，直塞更注重速度和精确度，它是为了迅速将球穿透防守线，找到篮下的队友。当球员成功突破并吸引了多名防守球员时，他可以利用直塞将球迅速传给有位置优势的队友，从而轻松得分。这两种传球方式都要求球员有出色的预判能力、强大的心理素质和扎实的基本功。

4. 背身传球与无视野传球

背身传球与无视野传球都属于高难度的动作，但在比赛中能产生意想不到的效果。背身传球主要应用于内线球员，当他们背对篮筐时，利用自己的身体优势和观察，将球传给位置更好的队友。这种技巧需要球员有良好的身体平衡、球感和与队友的默契。无视野传球则更多地考验球员的预判能力和与队友的默契。在看似没有机会的情况下，通过精准的无视野传球，往往能够为队友创造单打或上篮的机会。这种传球的难度和风险都很高，但成功之后的回报也是较大的。

接球与传球配合的成功不仅仅取决于球员个人的技术，还需要球员之间默契配合和对比赛的深入理解。在高校篮球中，教练应该设计各种训练项目，提高球员在实战中的接球与传球配合能力，这样才能确保球队在比赛中的进攻更加流畅和高效。接球与传球配合也需要球员不断在比赛中进行实践和摸索。球员通过不断与队友合作，可以更好地理解彼此的跑位和习惯，从而提高整体的配合水平。教练应该鼓励球员在训练和比赛中大胆尝试，发掘和创新更多的接球与传球方式，使球队的进攻更加多变和无法预测。

（二）挡拆配合

挡拆是多种掩护配合的总称，即队员在相互掩护的过程中创造接球投篮或二次进攻机会的一种配合方法。在篮球场上，灵活多变的策略与配合常常是制胜的关键。而在其中，挡拆配合无疑是较为经典、有效的战术之一。这种看似简单的双人动作，实际上涉及深入的策略和默契。挡拆不仅仅是身体上的接触和碰撞，更是篮球智慧的体现。

1. 高位挡拆

高位挡拆通常发生在三分线附近或稍远的地方。由于其位置靠近场地中央，为进攻球员提供了多方向的选择。当防守球员因为挡拆而短暂失位时，持球者可以选择向篮筐突破、进行中距离投篮，或是将球传给其他位置的队友。而对于设挡的球员，高位挡拆后他可以选择快速转身寻求投篮机会，或是延续进攻路线，寻找与其他队友的二次配合。高位挡拆的多样性和不确定性，使得防守方很难预测进攻方的真实意图。

2. 低位挡拆

低位挡拆主要发生在篮筐附近，其目的通常是创造近距离的得分机会。由于位置相对靠近篮筐，这种挡拆的成功率和威胁性都较高。持球球员在低位挡拆后，常常可以直接向篮筐发起攻击，或是将球传给设挡球员，后者往往已经脱离了防守球员，处在较为有利的位置。低位挡拆的关键在于球员的身体协调性和传球时机。精准的传球，往往可以轻松打破防守，而不恰当的挡拆则会被对方轻松识破。

3. 侧翼挡拆

侧翼挡拆发生在场地的两侧。这种挡拆有其独特的战术价值。由于场地侧翼的特殊位置，防守球员在此处的移动受到了限制。因此，侧翼挡拆往往可以更容易地为球员创造单打或投篮的机会。侧翼挡拆后，持球球员可以选择向中路突破，或是向底线发起进攻。而设挡球员，则可以迅速转移到角落，准备接球三分。侧翼挡拆还可以与其他战术结合，如角落三分点的球员突然切入，与持球球员进行快速配合。

（三）无球跑动配合

无球跑动配合是篮球进攻的重要手段。在篮球比赛中，经常能看到有球员在没有球的时候仍然不停地移动，这并不是漫无目的地跑动，而是为了寻找更好的得分机会，或者为队友创造空间。这种配合需要球员具备出色的判断力、空间感知和对比赛节奏的掌握。

1. 斜角跑

斜角跑是篮球场上常见的无球跑动方式。球员从场地的一个角度向另一个角度快速移动，试图摆脱防守球员的盯防。这种移动方式的优点是能够快速改变方向，让防守球员产生瞬时的失位，从而为进攻球员创造传球或投篮的机会。斜角跑还有一个重要的作用，那就是为持球球员制造更大的进攻空间。当无球球员进行斜角跑动时，他会带走自己的防守球员，从而打开新的进攻通道。

2. 直线跑

直线跑是在快攻中常见的跑动方式。无球球员会沿着场地的直线快速前进，目的是在短时间内从后场跑到前场，制造出优势局面。这种跑动方式需要球员具备出色的速度和耐力，因为他们需要在短时间内跨越整个场地。直线跑也是一个较好的骗过防守球员的方式。当无球球员沿直线快速前进时，防守球员很容易产生焦虑，从而过早地放弃防守，给予进攻方更多的进攻机会。

3. 曲线跑

曲线跑是一种更为复杂的跑动方式，它要求球员进行连续的方向变化，从而使防守球员难以跟随。这种跑动方式可以在关键时刻为球员创造接球的机会，尤其是在比赛的关键阶段。曲线跑的关键在于球员的节奏和方向的突然变化。球员需要利用自己的速度、身体协调性和对比赛节奏的把握，不断地变换跑动方向，从而摆脱防守球员的盯防。

（四）三人以上的团队配合

篮球作为团队运动，球员间的默契配合至关重要。当超过两名球员同时参与进攻时，场上的变数和可能性将大大增加，为比赛带来更多不确定性和观赏性。三人以上的团队配合不仅需要每名球员具备高超的篮球技术，还需要他们之间有着深厚的默契和信任。

1. 三角进攻

三角进攻是通过三名球员形成一个三角形的站位，根据对方防守的情况进行快速传递和移动。这种进攻模式的核心思想是利用每名球员的优势，迅速改变进攻方向，从而为队友创造得分机会。三角进攻中的球员需要不断地观察场上的局势，根据队友的动作和对方防守者的位置进行即时调整。

2. 连续挡拆

在两名球员进行挡拆之后，第三名球员会立刻接入，与持球者进行第二次挡拆。这种连续的挡拆动作往往会使防守方产生瞬时的失位，为进攻方创造更大的空间和更好的得分机会。连续挡拆需要球员之间有很好的默契，每个动作的节奏和时机都必须恰到好处。

3. 连续交叉传球

当三名或更多的球员参与连续交叉传球时，场上的局势会变得异常复杂。这种传球方式的目的是打破对方的防线，使防守者在短时间内多次改变防守目标，从而产生失误。为了成功进行连续交叉传球，球员之间需要有较好的沟通和配合。每次传球的方向和力度都必须准确，确保球能够准确地传到队友的手中。

在实际比赛中，三人以上的团队配合常常是决定比赛胜负的关键。这种配合模式不仅需要球员具备出色的技术，还需要他们之间有着深厚的默契和团队合作精神。当球员能够完美配合时，他们往往能够为球队创造出惊人的得分机会，为观众带来一次又一次的惊喜。

二、配合技术的执行技巧

篮球作为一项团队运动，其配合技术的精髓在于球员之间的默契和熟练度。每次进攻都需要五名球员按照既定的战术和策略，通过精准的传球、控球和跑位来完成。为了达到这一目标，每个球员都需要掌握配合技术的基本执行技巧（见图 3–10）。

图 3–10　配合技术的执行技巧

（一）视野的开阔与判断

在篮球这项快节奏的团队运动中，视野的开阔与判断能力显得尤为重要。视野不仅仅意味着眼睛所能观察到的范围，而更多的是指球员对场上形势的感知和对比赛节奏的掌控。

有经验的球员总能预测队友或对手的下一步动作。这种预测能力并非天生，而是在长时间的训练和比赛中磨炼出来的。他们不断地观察，逐渐形成了对场上形势的敏锐洞察。更进一步来说，视野的开阔与判断也与球员的位置感息息相关。对篮球场上的空间利用得当，不仅可以为队友创造更多的机会，还可以扰乱对手的防守布局。当球员能够迅速洞察对手的弱点并做出判断时，他便可以更有针对性地进行配合，提高进攻的成功率。而开阔的视野不仅要求球员能够看到整个场地，还要求他能够在大脑中迅速地绘制出一幅战略地图。这幅地图包括了队友的位置、对手的移动，以及可能的进攻路线。只有在这样的基础上，球员才能迅速做出准确的判断，选择最佳的传球线路和时机，从而提高比赛的效率和胜算。

（二）准确与高效的传球

在篮球场上传球技术是实现有效配合的桥梁。准确与高效的传球往往能为球队创造关键的得分机会，而不准确或有延误的传球使得原本有利的进攻形势瞬间逆转。

传球技巧的深度和广度是丰富的。从最基础的胸前传球，到技巧性更强的地滚球和挑传，每一种传球都有其特定的应用场景和技巧要点。例如，地滚球在对方的密集防守中更为有效，因为它能够低飞，并使得接球的球员有更多的时间做出反应。不仅如此，传球的节奏和速度对成功进攻也至关重要。过慢的传球会被对手轻松拦截，而过快的传球则导致接球球员来不及做好准备，造成失误。因此，如何根据场上形势合理地控制传球的节奏和速度，是每个球员都需要掌握的关键技巧。

而要实现准确与高效的传球，球员还需要注意三点：一是在传球前，预判接球球员的动向，确保传球到位；二是在传球时，注意利用身体的动作来迷惑对手，使其难以判断传球意图；三是在传球后，迅速进行跑位，为下一次的进攻做好准备。传球不仅仅是球员的技巧表现，更是球队整体配合的体现。球员之间需要通过传球来建立起默契，形成一种团队的节奏。当这种节奏被打乱时，球队的进攻往往会受到影响。因此，如何通过传球来维持和强化这种团队节奏，也是每个球员需要关注的重点。

（三）灵活跑位与提供传球线路

灵活跑位不仅有助于球员获取更好的进攻位置，还可以为队友提供合适的传球线路，确保进攻的流畅性。每一次球员的跑位都是一次策略的部署。其背后蕴含的是队伍的战术意图和球员自身的判断。为了让跑位更加有效，球员不仅需要拥有出色的身体素质，还需要对比赛有深入的理解，知道如何利用场地和对手的部署为自己和队友创造机会。跑位的灵活性在很大程度上取决于球员的创新能力。在固定的战术体系中，如何找到新的空间和机会，是每个球员所面临的挑战。这就要求球员在比赛中时刻保持敏锐的观察力和反应能力，根据场上的实际情况灵活调整自己的跑位策略。提供传球线路同样是跑位的重要组成部分。好的跑位不仅可以帮助球员摆脱防守，还可以为持球的队友创造传球的机会。这就要求非持球球员能够与持球球员形成良好的默契，提前预判队友的意图，为其提供最佳的传球选择。

（四）有效的掩护与挡拆

在篮球的策略博弈中，掩护与挡拆无疑是较为常用且较具战术价值的技巧之一。球员通过简单但高效的身体动作，可以为队友创造出宝贵的进攻空间，使进攻更加流畅。

掩护的核心在于利用自己的身体为队友挡住对方的防守球员，为其创造更好的进攻机会。这既需要掩护球员有强大的身体对抗能力，也需要他具备出色的战术意识，知道何时进行掩护以及如何选择最佳的掩护位置。而挡拆则是一种更为复杂的配合技巧。它通常由两名球员完成，一名球员为另一名球员设挡，然后迅速摆脱防守球员进行跑位。这不仅要求两名球员有很高的默契度，还要求他们对比赛有深入的理解，知道如何利用对手的防守失误为自己创造机会。执行掩护和挡拆的时候合规性是较为关键的。如果球员的动作犯规，那么即使这次配合再成功，也会被裁判吹停，使得努力化为泡影。因此，球员在进行掩护和挡拆的时候，既要确保动作的迅速和果断，也要保证其合规性，避免犯规。

（五）迅速决策与即时反应

篮球作为一项动态的、需要快速反应的运动，对球员的迅速决策能力和即时反应能力提出了较高的要求。

在分秒必争的比赛中，每一次的持球、传球、突破和投篮都是一个小小的决策过程。这不仅涉及球员的技术能力，还体现了他的战术意识和比赛经验。决策的迅速性关键在于球员对场上局势的敏锐观察和判断。这意味着，球员需要在每一时刻都保持注意力集中，对场上的每一个变化都进行快速反应。这种反应既包括身体的动作，如快速转身、改变方向等，也包括心智的运作，如判断对手的防守策略、预测队友的动向等。

即时反应能力则更多地依赖于球员的身体条件和技术水平。高水平的球员可以在短时间内完成各种复杂的动作，如灵活的转身、高难度的投篮等。这样的球员通常在比赛中更容易脱颖而出，成为球队的关键人物。

（六）与队友的沟通与默契

篮球不仅是个人技艺的展现，还是团队协同作战的舞台。在这场战役中，球员之间的沟通与默契起到了至关重要的作用。而真正的沟通，不仅仅是口头的交流，更多的是通过行动、眼神和身体语言传达给队友。

虽然篮球比赛中存在一定的口头交流限制，但这并不意味着球员之间不能沟通。实际上，经验丰富的球员往往能够通过简单的眼神交流或手势来传达复杂的战术意图。例如，简单的点头或挥手，有可能代表着复杂的进攻策略。默契则是通过长时间训练和实战积累形成的。当两名球员默契达到一定程度时，他们可以在不进行沟通的情况下完成一次精彩的配合。这种默契往往来源于球员对比赛的深入理解、对队友的了解以及对团队战术的熟悉。

三、配合技术的实战应用

在篮球比赛中，配合技术教学与实际应用之间的距离不再是一纸空文（见图 3-11）。实战应用是技术练习的终极验证，它决定了球员之间是否真正达到了默契的境界，也决定了团队是否真正掌握了胜利的密码。

图 3-11　配合技术的实战应用

（一）配合技术在半场进攻中的应用

半场进攻对于篮球爱好者来说是一场策略和智慧的较量。每个进攻都是经过精心组织的，目的是找到那个防守的空当，为球队赢得得分的机会。在这种进攻模式下，配合技术的作用尤为重要。其中，挡拆无疑是较为常见的一种配合技术。它看似简单，但其背后所蕴含的技术和策略较为丰富。当后卫持球，中锋或大前锋会上前设立挡拆，试图为后卫创造突破的空间。这一动作的背后，实际上是球员对防守策略的一次反击。他们通过挡拆，试图扰乱对手的防守布局，从而为自己创造得分的机会。同时，设立挡拆的球员会根据防守反应选择插到篮下或者弹出三分线准备接球。而无球跑动则是另一种不同的配合技术。不同于挡拆的硬碰硬，无球跑动更多地依赖于球员的移动和位置感。成功的无球跑动，既可以为持球者创造完美的传球线路，也可以给自己制造接球投篮的机会。为了达到这一目标，球员需要不断变换跑动轨迹，甩开对手的防守。

（二）配合技术在快攻中的应用

快攻作为篮球比赛中的一种决策速度与身体素质的综合体现，成为众多球队制胜的秘密武器。它反映的是一种精确、迅速而又直接的配合意识。在这种方式的进攻中，球员的每一个动作、每一次传球都至关重要。快攻打乱了对手的防守节奏。大多数防守策略是基于对手的组织化进攻来制定的。而快攻则是在对手还未来得及布置防守时，迅速推进并完成得分。这样的攻势不仅使对手防不胜防，还给予球队较大的心理优势。直线跑动在快攻中较为重要。快攻的本质是速度，而直线跑动为球员提供了最直接的路线。前锋和中锋在此时起到了关键作用。他们不仅要迅速超前，还要确保自己始终处于容易接球并完成得分的位置。这不仅考验球员的速度，还考验他们对比赛形势的判断和对篮筐位置的感知。后卫则起到了承上启下的作用。他们需要在第一时间完成篮板或拦截，并迅速转化为进攻。在此过程中，他们不仅要有出色的控球技巧，还要拥有敏锐的观察力，及时将球传给队友。这需要后卫具备高水平的球感、判断力和传球技巧。快攻中的配合往往是瞬间完成的。这里没有太多的预设战术，更多的是球员间的默契和直觉。在这种情况下，球员间的信任十分关键。他们需要相信队友会在最佳的时机出现在最佳的位置，也要确保自己能够满足队友的期望。

（三）配合技术在固定战术中的应用

固定战术所展现的不仅仅是球员的技术和能力，更是团队对篮球理念的理解。这种战术形式强调的是程序、结构与纪律，每一个动作都被反复训练，以期在比赛中能够完美呈现。提到固定战术让人不禁会联想到一系列精心设计的进攻模式，这些模式都是为了突破对手的防守，创造得分机会。固定战术往往始于某个界外球或罚球后的场面，它充分利用了对手调整防守的空当，迅速组织起攻势。三角进攻是其中的代表。这种战术的核心思想是利用三名球员的位置和移动来创造空间，通过不断传球和挡拆，让防守者处于被动。在这个过程中，每一次传球、每一次跑动都有其深意。它不仅仅是为了传递篮球，更是为了拉开、牵制防守者，创造有效的得分机会。另外，“挡后出球”的战术在很多固定套路中得以应用。这种策略要求球员在接到队友的挡拆后，迅速转身并寻找传球或得分的机会。这种战术的优势在于它的突然性，很多时候防守者因为失误的预判或瞬间的犹豫，就会给对手创造打开局面的机会。

但固定战术并不是铁板一块，它更像是框架或指南。在真正的比赛中，对手的防守策略、场上形势，甚至比赛的节奏，都会对固定战术造成影响。因此，球员在执行固定战术时，不仅要忠实于教练的战术部署，还要根据实际情况做出判断和调整。在这背后，是无数次的训练和实践。成功的固定战术需要球员的默契、理解和技术支撑，任何一个环节的偏差都可能导致整个战术的崩溃。但当它成功执行时，无疑是篮球场上令人欣赏的景象之一。

第四章　高校篮球战术教学解析

第一节　高校篮球战术教学概述

一、篮球战术的概念

篮球战术是为篮球比赛中队员和队员之间有策略、有组织、有意识地协同运用技术进行攻守对抗的布阵行动，是以篮球技术为基础，在一定的战术指导思想支配下的集体攻守方法。① 所谓篮球战术，是指篮球比赛中针对特定情境所采用的策略和方法。这些策略和方法涉及球员如何移动、传球、射击以及如何进行防守，都是为了实现更好的进攻和防守效果。

篮球战术的核心在于两个方面：进攻战术和防守战术。进攻战术的主要目标是如何更有效地创造得分机会，通过对场上球员的位置、运动路径以及球的控制来完成。这包括了如何打破对手的防线、如何进行无球跑动、如何进行配合以及如何有效得分。而防守战术，则是关于如何阻止对手得分、如何进行抢断、如何避免犯规以及如何控制篮板球。篮球战术不仅仅是静态的指导，还是动态的、随着比赛进展而变化的策略。对于每一位球员来说，理解和掌握所在团队的战术意味着能够更好地与队友合作，更加明确自己在场上的角色和任务。对于教练来说，制定和调整战术不仅考验其对篮球规则、策略的理解，还需要具备对比赛节奏、球员状态以及对手特点的敏锐观察力。

① 杭兰平，王立彬．大学校园篮球运动教程[M]．西安：西北工业大学出版社，2016：155.

高校篮球战术教学在篮球训练中占据较为重要的地位。由于学生年龄较小、体验较少，所以对于篮球战术的认知和理解需要从基础开始。而这种基础不仅仅是传统的、基于教材的战术解析，更应该结合比赛中的实例进行分析和讲解。篮球战术的变化与发展是随着篮球运动的演进而不断进行的。随着篮球技术的提高和比赛节奏的加快，战术也在不断地被创新和完善。这就要求高校的篮球战术教学不应仅仅停留在传统的教学内容上，更要注重与时俱进，结合现代篮球的发展趋势对学生进行教学，培养学生的创新意识和实战能力。

二、篮球战术的特点

篮球战术的特点决定了篮球比赛的多变性和策略性。对于高校篮球教学而言，如何将这些特点融入教学中，使学生能够深入理解和掌握，是提高教学质量和培养高水平篮球人才的关键。具体来说，篮球战术的特点主要包括以下四个方面（见图 4-1）。

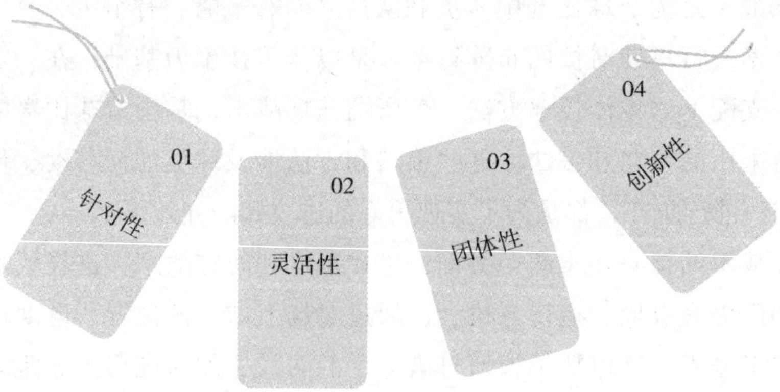

图 4-1　篮球战术的特点

（一）针对性

篮球战术的针对性意味着每一个战术都是为了解决比赛中的特定问题而设计的。这涉及对特定对手的应对策略、利用自己球队的优势，或者针对某一时刻比赛的特定情况。在现实比赛中，对手的技能、战术和风格都与之前的对手有所不同。因此，靠单一的战术很难取得胜利。教练在设定战术时，会对对手进行深入研究，从而制定出适合对抗该对手的战术。例如，如果某支球队的前场球员具有速度优势，那么他们会更多地使用快攻战术。而对于那些内线高大、有力量优势的球队，他们会更倾向于半场进攻，尤其是通过低位单打来寻找得分机会。

在高校篮球战术教学中，培养学生分析比赛、制定和调整战术的能力尤为关键。教练通过对过去比赛录像的分析，可以指导学生如何根据对手的特点和场上局势来调整战术。

（二）灵活性

篮球战术的灵活性是指在比赛中能够根据实际情况进行快速调整的能力。由于比赛的变数多，预先制定的战术在某些时候不再适用。在这种情况下，能够快速地调整战术并做出反应的球队往往能够获得优势。灵活性不仅要求教练具备出色的战术眼光，也要求球员能够快速理解和执行新的战术指令。这就需要在训练中多次模拟比赛情境，使球员习惯不断变化的战术需求。例如，在某个战术执行过程中，如果对手的防守出现了变化，或者球队中某个关键球员受伤下场，原定的战术就不再适用。球员和教练需要迅速做出决策，调整策略。

在高校篮球战术教学中，培养学生的灵活性意味着要让他们参与到实战中，经常面对不同的战术情况，从而提高他们的实战经验和应变能力。

（三）团体性

团体性是篮球战术中不可缺少的一环，因为无论多么优秀的球员，也无法单独与五名对手球员抗衡。正是这种团体性，使篮球比赛成了策略与合作的化身。团体性表现在战术的布置和执行上。比如，在进攻端，通过快速传球与移动，球队能创造优势，为队员创造投篮空间。每一个传球、挡拆和跑位，都要求球员之间有着默契的配合。没有团体的协作，即便是完美的战术也无法展现。团体性还体现在球员之间的沟通上。这不仅仅是口头沟通，更多的是通过非语言的方式，如手势、眼神和位置移动来传递信息。例如，防守时，当对方球员试图突破时，及时的眼神交流可以帮助队友迅速做出判断，形成包夹或协防。团体性也意味着每个球员都要为团队效益而战，而不是个人表现。这要求球员放下自我，全身心投入团队之中，为整体的胜利而努力。

（四）创新性

篮球战术的创新性体现在对战术的不断探索和改进中。随着篮球运动的发展，球员的身体条件、技术水平和比赛节奏都在发生变化，这要求战术也要与时俱进、不断进行创新。

创新性是对已有战术的改进。这是对某一战术的微调，以适应新的比赛环境或对手的策略。例如，对于经典的挡拆战术，不同的球队会根据自身球员的特点进行调整，使其更具攻击性或隐蔽性。创新性也体现在对新战术的探索上。这来源于对其他球队或其他赛区的观察、对历史战术的研究，或者是对篮球规则的深入理解。这种创新性要求教练有广阔的视野，不断学习和摸索。对球员来说，创新性要求他们有高水平的篮球技能和理解能力。新战术的成功往往需要球员在短时间内对其进行理解和实践，这就要求球员有着较高的篮球智商。

三、高校篮球战术教学的主要方法

高校篮球战术教学是一门综合性的教育，旨在帮助学生掌握篮球战术的基础知识、技能和策略以及如何在实际比赛中灵活运用。为了达到这个目标，教练和教师需要运用多种教学方法，确保学生能够全面、深入地理解和掌握篮球战术。以下是高校篮球战术教学的主要方法（见图 4–2）。

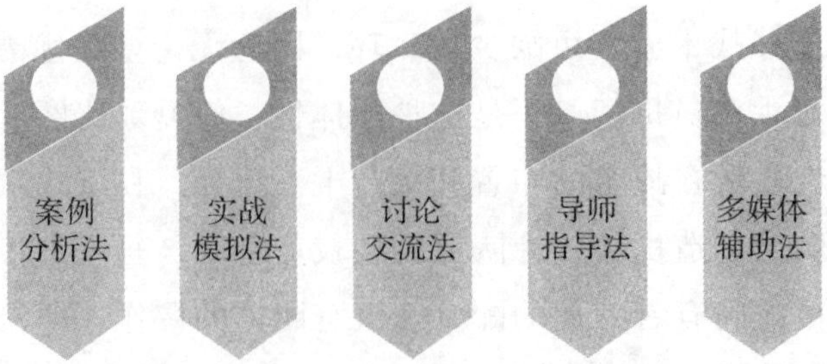

图 4–2　高校篮球战术教学的主要方法

（一）案例分析法

案例分析法，顾名思义，是通过具体的篮球比赛片段进行深入分析，从而对某一战术或策略有更深入认识和理解的教学方法。与传统的教学方法不同，案例分析法更注重实际操作。学生通过这种方法，不仅能够看到战术是如何在实际比赛中执行的，还可以学到如何在特定的比赛情境中做出正确的战术选择。

案例的选材是这种方法的关键。理想的案例应该是具有代表性和教学价值的比赛片段，既能展示基本的战术原则，又能引起学生的思考和探讨。例如，某一场比赛中，球队 A 在面对球队 B 的紧逼防守时，如何通过快速转移、假动作和配合来打破防守，创造得分机会。或者在防守端，如何针对对方的主攻手制定特殊的防守策略，限制其得分。在案例分析过程中，教师可以逐步引导学生，从比赛的大局观到具体的战术细节，帮助学生建立战术思维。例如，分析比赛片段时，教师可以先从两队的整体战术布局说起，再深入每个球员的位置、动作和选择。在这一过程中，教师可以提出一系列的问题，引导学生思考，如"为什么球队 A 在这种情况下选择这种进攻方式？""球队 B 的防守策略是否有效？""如果你是教练，你会如何调整战术？"等。教师还可以组织学生进行小组讨论，每个小组就某一战术问题进行深入探讨，然后进行汇报和展示。这样，学生不仅能够加深对战术的理解，还能培养团队合作和交流的能力。案例分析法的另一个优点是，它能够培养学生的实际应用能力。因为这一方法分析的是真实比赛的片段，学生可以从中学到很多实战的经验和技巧，为未来的比赛积累宝贵的经验。而且，学生通过对比赛片段的反复观看和分析，可以形成对战术的直观感受，更容易在实际比赛中运用。

（二）实战模拟法

实战模拟法是一种有效的篮球战术教学方法。它通过提供真实的比赛场景，使学生在实际环境中学习和应用战术，大大提高了教学的效果和趣味性。实战模拟法的核心思想在于"以实际为基础"。这意味着在教学过程中，学生将被置于与真实比赛相似的环境中，以此为平台进行战术的训练和实施。不同于纯理论教学或单一技能训练，此方法为学生提供了完整的、连贯的比赛场景。比如，在进行进攻战术的模拟教学时，教练可以设置具体的比赛场景：最后一分钟，双方比分相差三分。在这种情境下，学生需要考虑如何高效组织进攻，是否追求三分球，如何处理球，如何分配球员，等等。学生通过这种方式，不仅学到了战术知识，而且锻炼了其临场应变和战术决策的能力。

实战模拟教学中，教练的角色尤为关键。他们需要根据学生的学习进度和特点，设计合适的模拟场景，并在模拟中给予即时的反馈和指导。例如，在模拟防守战术时，教练可以根据对方球员的特点和本队的策略，制订出不同的防守方案，并在实战模拟中进行验证。为了使实战模拟更具挑战性和趣味性，教练还可以引入一些特殊元素。例如，可以减少某一方的球员数量，迫使另一方寻找突破的方法；或者在模拟比赛中突然更改战术要求，考验学生的应变能力。

但实战模拟法也有不足。由于其强调真实性，需要大量的时间、空间和其他资源。另外，过于频繁的模拟会使学生产生疲劳，影响学习效果。教练在采用实战模拟法时，应注意合理安排，确保教学效果。更重要的是，实战模拟不能完全替代真正的比赛。只有在真正的比赛中，学生才能面对真正的压力，经受真正的考验。因此，实战模拟教学只是篮球战术教学的一个环节，不能孤立看待。

（三）讨论交流法

与传统的单向传授教学方式不同，它更注重学生之间以及学生与教练之间的双向交流，使学生在讨论和交流中深化对篮球战术的理解，提高战术分析和应用的能力。篮球是一项团队运动，而团队之间的沟通与配合是影响比赛结果的关键因素之一。在实际比赛中，球员需要根据场上的变化，快速地做出决策并与队友进行沟通。这种快速的信息交流和决策制定对球员的心理和沟通能力提出了很高的要求。而讨论交流法恰好可以为学生提供一个模拟的环境，让他们在非比赛状态下锻炼这些关键能力。

学生通过集体讨论可以与同学分享自己对某一战术的看法，听取他人的意见，并对比自己的观点。这种交流不仅可以加深他们对战术的理解，还可以培养他们的团队协作和沟通能力。例如，当面对某一具体比赛情境时，学生可以进行小组讨论，分析在这种情境下应该采取的最佳战术，然后再与其他小组进行交流和对比，找出合适的策略。而与教练的交流则更像是一种导师和学生之间的互动。教练可以分享自己的经验，指出学生在讨论中忽略的要点，引导他们更深入地思考问题。学生则可以提出疑问，挑战某些传统的观点，甚至提出自己的新战术。这种双向的交流使教学过程更加生动有趣，也提高了学生的思考和创新能力。讨论交流法还可以培养学生的批判性思维。在交流过程中，学生需要对他人的观点进行分析和评价，也要面对他人对自己观点的质疑。这不仅要求他们具备扎实的篮球知识，还需要他们具有独立、客观和批判的思维方式。这种思维方式在篮球之外，对于学生的日常生活和未来职业生涯都是有益的。

（四）导师指导法

导师指导法建立在学生与教练之间的个体关系上，使得学习过程更为深入，更具个性化和针对性。这种方法的核心思想是通过教练的指导，为学生提供持续、结构化且有针对性的支持，使学生能够更加深入地理解和应用篮球战术。

篮球是一项需要高度协同、策略性和技能性的运动。而战术的学习与应用更是需要对篮球有深入的了解。在这种情境下，单纯的课堂教学和自主训练难以满足学生的学习需求。而导师指导法则提供了一个完美的解决方案，它结合了教练的专业知识、经验和指导技巧，帮助学生在实际比赛中更好地应用战术。学生通过这种方法，可以得到教练针对其个人能力和特点的定制化指导。教练不仅会为学生讲解战术的理论知识，还会根据学生的实际表现，为其提供反馈，指出需要改进的地方，并给予具体的指导和建议。这种反馈和指导可以确保学生在学习过程中始终保持正确的方向，也激发了学生的学习兴趣和积极性。导师指导法还强调了教练与学生之间的互动关系。教练不仅是学生的知识传授者，还是他们的指导者、合作伙伴和支持者。他们与学生建立的深厚关系，可以使学生在学习过程中感受到更多的支持和鼓励，从而更加自信地面对学习中的挑战。这种方法还提供了一个完美的场所，供学生与教练进行深入交流和探讨。学生可以随时提出自己对战术的疑问，与教练进行深入讨论，从而得到更加深入和系统的理解。教练也可以根据学生的反馈，调整自己的教学方法，使之更加适应学生的学习需求。

（五）多媒体辅助法

多媒体辅助法为高校篮球战术教学带来了新的机遇和挑战。它结合了现代科技的优势和传统教学的经验，为学生提供了一个更加生动、直观和互动的学习环境，确保他们可以更好地理解和掌握篮球战术。

教练通过使用多媒体技术，可以更加生动和具体地展示篮球战术的实际应用。例如，教练可以播放篮球比赛的片段，向学生展示某种战术是如何在实际比赛中成功执行的。这样的直观展示不仅可以帮助学生更好地理解战术的重要性，还可以激发他们的学习兴趣和热情。除了视频之外，多媒体技术还可以帮助教练制作各种互动教学资料，如动画、模拟程序和互动测试。这些教学资料可以帮助学生从不同的角度、不同的层次去学习和理解篮球战术，确保他们可以全面、系统地掌握所学内容。多媒体辅助法还可以帮助教练更有效地组织和管理教学内容。教练通过使用多媒体技术，可以将大量的教学资料数字化，存储在电子设备上，随时随地进行查询和使用。这不仅大大提高了教学的效率和便利性，还可以确保教学内容的更新和完善。而对于学生来说，多媒体辅助法提供了一个更加自主、灵活的学习环境。他们可以根据自己的学习进度和兴趣，选择合适的多媒体教学资源进行学习，不受时间和地点的限制。这种自主学习的方式不仅可以提高学生的学习动力，还可以培养他们的自主学习能力和解决问题的能力。多媒体辅助法还可以为教练和学生提供一个互动交流的平台。教练可以通过多媒体技术，与学生进行实时的在线交流，解答他们的疑问，为他们提供反馈和建议。学生也可以通过多媒体技术，与其他学生分享自己的学习心得和体会，进行合作学习和互助学习。

值得注意的是，多媒体辅助法并不是万能的。虽然它在高校篮球战术教学中具有很多优势，但仍然不能完全替代传统的教学方法。为了确保教学的效果和质量，教练需要结合多种教学方法、灵活运用多媒体技术，确保学生可以全面、系统地学习和掌握篮球战术。

第二节　高校篮球的进攻战术

进攻战术作为篮球比赛中的核心元素，直接决定了球队在场上的得分效率和比赛节奏。在高校篮球比赛中，由于学生的技术、体能和经验各不相同，进攻战术的选择与应用尤为关键。它既要考虑球员的个人能力，也要配合团队的整体战略，确保每次进攻都能最大化地创造得分机会。

一、进攻战术的基础组成

进攻战术是篮球比赛中的重要组成部分，它决定了球队如何组织进攻，以及如何有效地向对方篮筐发起攻击。进攻战术的基础组成主要包括以下四个方面（见图 4–3）。

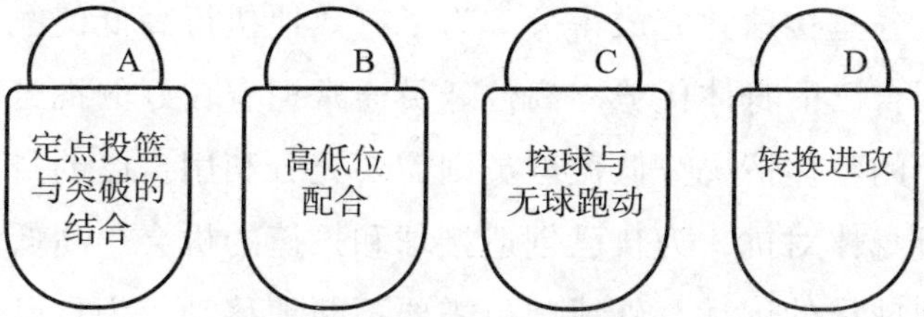

图 4–3　进攻战术的基础组成

（一）定点投篮与突破的结合

定点投篮和突破在篮球比赛中都是较为关键的得分方式。这两种方式各具特色，将它们合理结合可以给对手制造更大的压力，也提供更多的得分机会。

定点投篮是篮球进攻的基石。当球员站在其舒适的投篮位置，他们有较高的命中率。这不仅可以帮助球队得分，还能给对手施加压力，迫使他们调整防守策略。为了提高命中率，球员不仅需要进行大量的投篮练习，还要学会在比赛中找到合适的投篮机会。传球、掩护和策略布局都是为了创造这样的机会。与此同时，突破则是一种动态的进攻方式。突破的目的是深入对方的防守圈，创造投篮、传球或上篮的机会。突破要求球员具备出色的身体协调性、速度和判断力。成功的突破会带来得分，或者为队友创造开放的投篮机会。另外，突破还可以吸引防守球员的注意力，从而制造对方犯规的机会。定点投篮与突破的结合是一种高效的进攻策略。球员可以通过快速传球拉开对方的防守，为队友创造投篮空间。当对方紧逼防守时，拥有突破能力的球员可以尝试冲击篮筐，或是吸引多名防守球员，再将球传给站在开放位置的队友。

（二）高低位配合

在篮球进攻策略中，高低位配合是一种有效的战术。这种配合需要两名球员，通常是一名前锋和一名中锋，分别站在场地的高位和低位。高位球员的任务是控制球，制造机会并寻找低位球员的位置。他们通常拥有出色的控球和传球能力，可以迅速做出决策。低位球员则需要在篮下与对手争夺位置，他们的主要任务是接球并完成得分。为了有效地执行高低位配合，两名球员需要充分利用自己的身体优势。高位球员通常拥有较好的视野和判断力，可以看到场地上的整体情况。低位球员则需要充分利用自己的身高和力量，与对方球员进行身体对抗，为自己创造接球和投篮的机会。高低位配合的成功还取决于其他球员的运动。外线球员需要不断地移动，为自己创造开放的投篮机会，还可以通过掩护和策略布局，帮助低位球员获得更好的接球位置。

（三）控球与无球跑动

控球球员作为进攻的核心，需要对比赛节奏、球场空间和对方防守状况有敏锐的洞察力。他们不仅仅是持球推进，更是观察、布置和决策的中心。在控球球员手中，篮球不只是一个球，它还是战术的传递者，是团队意志的体现。但控球球员的作用并不止于此，他们还需要与队友建立紧密的联系，通过传球和配合，突破对方的防守。

无球跑动看似简单，实则充满了技巧和智慧。无球球员需要通过持续的移动，拉扯对方的防守，为控球球员创造传球空间。这种移动不是盲目的，而是需要根据比赛情况，选择最佳的路线和时间。例如，一个恰当的跑位可以将防守球员吸引走，为队友创造投篮机会。又或者，一个精准的掩护，可以帮助控球球员摆脱防守阵形。这种默契需要通过长时间的训练和比赛来培养。每个球员都需要明确自己的角色，了解队友的习惯和特点。当这种默契达到一定程度时，球队的进攻就会如同流水般顺畅，难以阻挡。

（四）转换进攻

转换进攻又称快攻，是篮球比赛中一种迅速、直接的进攻方式。它的核心思想是在最短的时间内，用最直接的方式将球运到对方篮下，并完成得分。转换进攻开始于球队成功的防守，无论是通过抢断、篮板球或对方失误。一旦球权落入手中，球员就需要迅速展开，利用速度和空间优势，创造得分机会。这种进攻方式的优势在于速度，它可以在对方还未建立稳定防守时，找到进攻空间。但转换进攻并不是简单的跑动和投篮，它更需要球员的决策能力和执行力。在短时间内，球员需要判断场上的形势，选择最佳的进攻路线和方式。这需要球员对比赛有深入的理解，能够在高速移动中迅速做出决策。除此之外，转换进攻还考验球队的体能和默契。快攻意味着高强度的跑动和对抗，这需要球员有出色的体能和耐力。同时，由于进攻时间短，球员需要在短时间内完成配合，这就要求他们之间有高度的默契。

二、进攻战术的高级组成

高校篮球的进攻战术在深入探索其基础组成后，还须针对更为高级、复杂且更为灵活的战术组成进行研究。进攻战术的高级组成具体如图 4-4 所示。

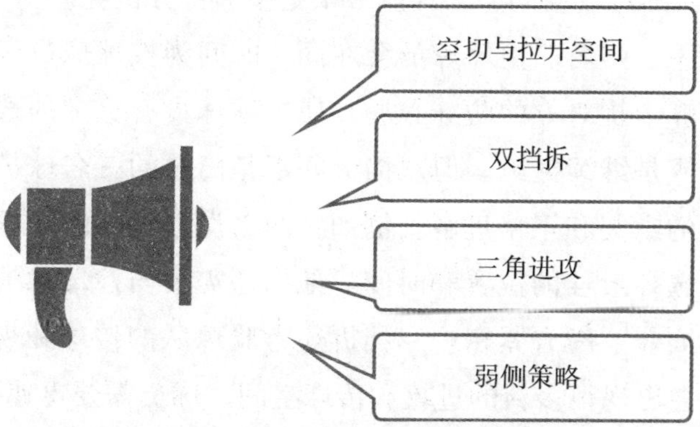

图 4-4　进攻战术的高级组成

（一）空切与拉开空间

在篮球进攻战术中，空间的利用直接决定了得分的可能性。空切与拉开空间正是这种战术思维的体现，它们共同形成了篮球进攻的高级组成。空切不仅仅是球员的快速移动，更是一种对比赛节奏、对方布局的深入解读。当球员选择进行空切时，他不是简单地朝篮筐跑去，而是要在对方防守的缝隙中找到进攻的机会。这就要求球员有高超的预判能力，能够在瞬间抓住对方的失误或疏忽。但空切并不是孤立的，它需要与其他球员的配合，这就涉及拉开空间的问题。简单来说，拉开空间就是通过球员间的移动，制造更大的进攻区域。这样做的目的是使防守球员不能集中力量，从而为进攻创造更多机会。例如，当球员准备进行空切时，其他球员可以通过远离篮筐、扩大距离来吸引防守球员，从而为切入球员创造进攻空间。这种高级的进攻组合要求球员不仅有个人技术，还需要深入的团队配合和策略理解。只有当每个球员都能够准确把握比赛节奏、了解队友和对方的习惯，空切与拉开空间才能发挥最大效果。

（二）双挡拆

挡拆一直是篮球进攻中的常用战术，而双挡拆则是其更复杂、更高级的变种。与传统的挡拆只涉及两名球员不同，双挡拆需要三名球员的密切配合，它旨在创造更大的进攻空间，为球队带来更多的得分机会。

在双挡拆中，两名非控球球员会在同一时间为控球球员设立屏障。这种同步的屏障能够干扰对方的防守布局，使控球球员有更多的选择：他可以选择传球、投篮或是继续突破。但双挡拆并不是简单的三名球员的组合，它更需要球员之间的默契和策略理解。例如，两名设立屏障的球员需要了解对方的防守习惯，选择最佳的位置和时间。他们还需要与控球球员建立联系，确保三人的动作同步、配合紧密。双挡拆还考验球队的传球和视野。因为在双挡拆中，场上会出现很多新的进攻和传球空间。球员需要迅速捕捉这些机会，做出正确的决策。

（三）三角进攻

三角进攻战术是由菲尔·杰克逊（Phil Jackson）最早运用并发展的，它是指由一侧的组成一个三角的三名球员和另一侧的两名球员组成进攻体系。[①]三角进攻的核心思想在于，通过三名球员——一名内线和两名外线的位置关系，形成一个三角形。这三个位置为进攻提供了多样化的选择，使得对方防守队员难以预测下一步的进攻方向。三角进攻还强调球员间的快速移动和传球，旨在制造对方的失误，为球队创造得分机会。

在三角进攻中，内线球员通常位于篮下，而两名外线球员则位于三分线的两侧。当控球者受到对方压迫时，他可以选择将球传给内线球员，从而制造面筐机会；他也可以通过外线球员的移动，为自己创造投篮或是突破的空间。三角进攻的成功在于球员间的默契和配合。它需要每个球员都能够准确地理解战术的目的，并根据比赛的实际情况，做出最佳的选择。此外，三角进攻还强调球员的视野和传球能力，要求球员能够迅速地寻找和利用场上的空间。

（四）弱侧策略

在篮球比赛中，进攻方的大部分注意力和资源都集中在球的所在侧，这也使得对方的防守相对集中。但如果进攻方能够利用球的反方向，即弱侧，就有打破这种防守平衡，为球队创造更多得分的机会。弱侧策略的核心思想在于通过球员的移动和传球，将球迅速转移到对方的弱侧。这样做的目的是使对方的防守球员不能及时调整位置，从而为进攻方创造更大的空间。在实际应用中，弱侧策略需要球员有出色的视野和决策能力。他们不仅要能够迅速地发现场上的空间，还要能够根据对方的防守布局，选择最佳的传球路线。弱侧策略还要求球员有快速的反应能力，能够在瞬间切换进攻方向，使对方防守失去平衡。弱侧策略还强调球员间的配合。进攻方的球员需要根据比赛的实际情况，不断调整自己的位置，为队友创造传球和投篮的机会。只有当

① 殷晓辉．普通高等院校体育选修教材：篮球运动欣赏[M]．桂林：广西师范大学出版社，2014：94.

球员能够形成统一的战术意识，弱侧策略才能在比赛中发挥出最大的作用。

三、进攻战术的实战应用

篮球不仅仅是由技能和战术组成，更多的是如何将这些技能和战术应用到实战中。对于高校篮球队来说，理解和掌握进攻战术的实际应用是至关重要的。进攻战术的实战应用不仅需要队员拥有出色的球技，更需要他们对战术有深入的理解和应变能力，具体如图 4-5 所示。

图 4-5 进攻战术的实战应用

（一）空间与位置的利用

篮球场上每一个角落、每一寸场地都是战略的一部分。在高水平的篮球比赛中，如何精确地、巧妙地利用这些空间是取得胜利的关键。在高校球队的进攻战术中，空间与位置的利用通常包括以下几个方面。

1. 场地空间的深度与宽度

比赛中，进攻方经常试图通过快速传球、挡拆等方式拉大场地空间的深度与宽度。这样做的目的是拉开对方的防守线，使其出现漏洞。例如，外线球员通过迅速跑动，可以为内线球员创造投篮空间，或反过来，内线球员的低位进攻吸引包夹后，迅速出球给外线的投手。

2. 传球与空位

正确的传球决策是打开空间的关键。当球员被防守球员围堵时，场地的另一侧往往会出现空位。其他球员应准确地找到空位的队友，为其创造得分机会。

3. 画龙点睛的终结

当成功利用空间并为队友创造得分机会后，接下来就是如何终结这一切。无论是外线的三分投篮还是内线的上篮或暴扣，选择合适的得分方式都是空间与位置利用的最终目的。

（二）调整与应变

进攻并不是一成不变的。面对不同的防守策略，进攻方应及时做出反应，这就是调整与应变。

1. 识别对方策略

首要任务是识别对方的防守策略。是采取人盯人防守，还是区域防守？对方是否常常进行双人包夹？识别这些策略后，球队才能正确应对。

2. 制定针对性策略

对于人盯人防守，球队需要加强挡拆和无球跑动。而对于区域防守，通常需要强化外线投篮和快速传球，以寻找对方防守的空隙。

3. 调整中的个人表现

每一名球员都应学会在比赛中根据情况调整自己的战术角色。例如，当投手手感不佳时，他应该更多地寻求助攻和篮板球，而不是持续投篮。

（三）控制进攻节奏

在篮球比赛中，控制比赛节奏至关重要。节奏的快慢、进攻的时机选择，都与比赛的胜负密切相关。控制进攻节奏并不单纯地指向比赛的速度，而是关于如何通过对节奏的控制来取得比赛的主动权。快攻成为众多球队喜爱的策略，原因在于其能迅速打破对方的防守，给对方带来出其不意的打击。快速转换、简捷的传球以及利用速度优势冲击篮筐，都是快攻的特点。但快攻并不总是最佳选择。对于一些有经验的、打法稳健的球队，他们更倾向于在适当的时候控制球权，寻找最佳的得分机会。这就涉及进攻节奏的控制、进攻时机的选择。如何在比赛中为队友制造得分机会，如何利用时间使每一次的进攻都给对方带来压力，这些都与控制进攻节奏密切相关。高校篮球队中教练和控球后卫通常是节奏的主控者。他们需要不断地做出决策：是继续推进快攻，还是减缓节奏寻找最佳进攻机会。这种控制不仅可以帮助球队在比赛中找到最佳的得分机会，还能够让对手始终处于被动之中。

（四）创造多点开花

篮球是团队运动，依赖单一球员或策略在比赛中很容易被对手针对和破解。为了增加进攻端的威胁性，球队需要培养出多个得分点，确保比赛中能从多个方向给对手形成威胁。这种多点开花的策略往往要求球员具有出色的技巧和战术意识。无论是内线的中锋还是外线的射手，他们都应该有能力在关键时刻承担得分任务。当对手过分关注某一得分点时，其他球员应该及时站出来，接过得分大旗。球队通过丰富的进攻策略和快速传球，还可以不断变换进攻焦点，让对手难以捉摸。例如，当外线三分射手受到严密盯防时，球队可以迅速将球传到内线，利用中锋或大前锋的身体优势得分。

多点开花不仅要求球员个人能力出众，还需要他们之间的默契配合。只有当球队中的每个球员都能成为对手潜在的得分威胁时，球队的进攻才能真正形成多点开花，让对手防不胜防。

第三节　高校篮球的防守战术

在篮球的对抗中，攻守之间的纠缠如同一场棋局，每一个策略和决策都决定比赛的胜负。对于高校篮球来说，这种竞技强度不亚于职业篮球。年轻的球员拥有充沛的体能和较高的竞技热情，但往往缺乏经验和策略意识。因此，出色的防守战术对于高校球队来说，既是他们巩固领先优势的武器，也是他们追赶比分时的坚实盾牌。

一、防守战术的基础组成

篮球作为团队运动，把攻与防两个方面融为一体，形成了一场场激烈的比赛。防守战术在篮球比赛中占据着重要的位置，高效、有组织的防守常常是球队取胜的关键。高校篮球防守战术的基础组成主要包括以下三个方面（见图 4–6）。

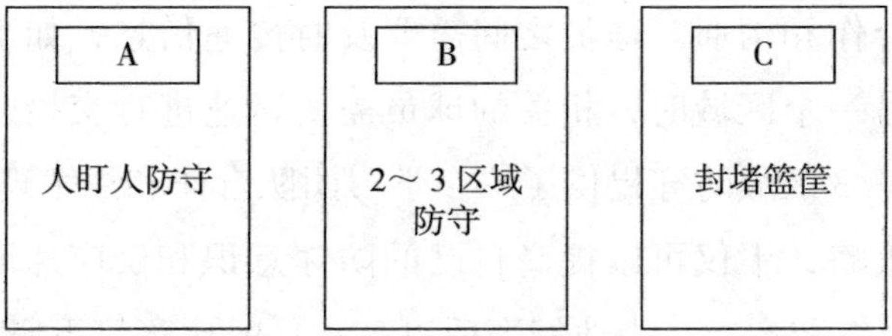

图 4-6　防守战术的基础组成

（一）人盯人防守

人盯人防守是篮球比赛中的一种传统防守方法，其中每个球员负责盯防场上的一个指定对手。这种策略的核心是个体之间的一对一对抗，强调单个球员的防守实力和决策。

在高校篮球比赛中，由于球员经验的差异性和技能的不均衡性，人盯人的防守策略成为一种普遍的选择。在这种环境中，某些球员在某些方面表现出众，而在其他方面则有所不足。例如，球员在外线投篮方面很出色，但在内线的对抗中显得较为脆弱。在这种策略中，防守球员需要根据他们所盯防的对手进行策略调整，如面对出色的投手，他们会更加紧密地盯防，以防止其轻松出手。而对于那些更擅长突破的球员，防守者需要为自己留出一些空间，以防止对手的突破。对球员来说，这种策略的挑战在于：如何在短时间内对对手的技能和习惯做出正确的判断，并及时做出调整。他们还需要确保自己在盯防的过程中不会过于焦虑或疲惫，从而影响自己的进攻效果。

（二）2 ～ 3 区域防守

与人盯人的个体中心思想不同，2 ～ 3 区域防守更加注重团队球员之间的合作。这种策略的核心是将球场划分为不同的防守区域，并指派特定的球员去负责这些区域。在 2 ～ 3 区域防守中，两名球员负责盯防场上的外线区域，而另外三名球员则在内线形成一个三角形的防守布局。这种布局的目的是确保外线的投手无法轻松投篮，也保护篮下区域，防止对方球员轻松上篮得分。

由于篮球场的空间相对固定，因此这种策略的成功与否很大程度上取决于球员之间的合作和沟通。球员之间需要及时传递信息，如当对方球员从一个区域移动到另一个区域时，相关的球员需要迅速进行交接，确保没有漏人的情况发生。2～3区域防守提供了一个学习团队合作和战术理解的良好机会。球员通过这种策略，不仅可以提高自己的防守意识和反应速度，还可以加强与队友之间的合作和沟通，为他们今后更高水平的比赛打下坚实的基础。

（三）封堵篮筐

篮筐的位置和意义使其成了每场比赛中的焦点。简而言之，为了赢得胜利，每个球队都应在进攻端得分，而进攻的主要目标就是篮筐。因此，保护篮筐并制止对方的得分机会尤为关键。封堵篮筐就是在这个核心理念之上发展出来的防守策略。考虑到篮下得分的机会通常比外线更为稳定和高效，保护篮筐无疑是限制对方得分的首要任务。要想有效执行这种策略，球队的内线球员必须具备一系列的能力和素质。中锋和大前锋在篮下的角色尤为显著。高度和臂展是中锋和大前锋的前提条件，这些条件为他们在篮下提供了明显的优势。但仅有身体条件是不够的，篮下的对抗充满了力量和技巧的考验，球员应学会如何在对方的干扰下稳定地接球、盖帽和争抢篮板球。出色的篮板球能力不仅意味着要跳得高，还要具备良好的定位和预判能力。好的篮板手总能在球筐下找到合适的位置，而这往往需要对比赛节奏的敏锐洞察。

封盖是篮球中较具震慑力的防守行为之一。成功的盖帽不仅可以阻止对方得分，还能给予队友较大的鼓舞。然而，盖帽并不意味着轻率地跳起并挥手。成功的封盖往往需要对对手的动作进行准确的预判，以及确保自己不会犯规。身体对抗是篮下不可或缺的一部分。与身高和臂展不同，身体对抗能力更多地依赖于球员的力量和技巧。有效的身体对抗可以让对手感到不适，从而影响其投篮动作或选择。虽然封堵篮筐是以个人能力为基础，但它也是团队活动。球员需要与队友保持沟通，共同识别和应对潜在的威胁。区域防守就是这样一种策略，它结合了封堵篮筐的理念，并在此基础上加入了对篮球场其他区域的保护。球队通过这种方式，可以确保篮筐得到充分保护，同时不忽视外线的威胁。

二、防守战术的高级组成

篮球的高级防守战术通常涉及更复杂的策略和技巧，目的是对付对手的进攻战术，制造对方失误，或至少降低其进攻效率。高校篮球通过恰当的战术应用，同样可以大大提高防守效果。具体来说，防守战术的高级组成主要有以下三个方面（见图 4-7）。

图 4-7　防守战术的高级组成

（一）全场紧逼

全场紧逼是一种旨在增加对方球员压力，迫使其犯错的防守策略。不同于仅在篮筐附近施加压力，全场紧逼从对方后场开始，强调在整个球场上对对方球员进行紧密的防守。这种策略的目的是打乱对方的进攻节奏，让其难以进行控球和组织进攻。在高校篮球比赛中，由于年轻球员尚未熟练掌握进攻组织和应对高压防守的能力，全场紧逼策略往往能够取得显著效果。全场紧逼的执行需要球队中的每位球员都能够积极参与。前场球员如小前锋和得分后卫会紧跟着对方的控球后卫，尝试打断其传球线路或迫使其犯错。而中后场的球员则要时刻保持警觉，随时准备接应前场球员的紧逼，防止对方利用长传迅速推进或寻找快攻的机会。

然而，这种策略也有一定风险。全场紧逼需要消耗大量的体力，如果球员没有良好的体能基础，在比赛后段可能会出现疲劳。此外，过于积极的紧逼也给对方留下空当，让其找到快攻或是优势对抗的机会。但无论如何，全场紧逼无疑为防守方提供了主动出击、掌控比赛节奏的机会。球队通过妥善利用这一策略，可以迫使对方走出舒适区，提高其犯错的概率，从而为自己创造更多的得分机会。在高校篮球比赛中，全场紧逼策略不仅仅是一种技术上的选择，更是对球员心理素质、体能和团队合作能力的全方位考验。对教练来说，如何平衡紧逼的强度，确保球员不因过度疲劳而影响比赛表现，也让其充分体验到这种策略带来的乐趣和成果，无疑是一项重要的任务。

（二）延迟防守

延迟防守是一种策略性的防守手段。它不像全场紧逼那样对对方进行高压迫击，而是选择性地回撤，让对方暂时控制球，但在关键区域设立防线，限制其得分机会。这种防守方式通常是为了应对速度快、传控熟练的对手，或者在球队体能有所消耗、需要节省体力的情境中使用。延迟防守的核心是控制比赛的节奏。防守球队通过允许对方控制球但限制其在关键位置的进攻，实际上在无形中影响了比赛的流向。这要求球员具备出色的战术纪律和位置感，确保在给予对方一定的空间后，能够迅速集结在防守重点区域，形成坚实的防线。

在高校篮球比赛中，延迟防守对球员的战术素养提出了挑战。球员不仅要识别何时开始回撤，还要确保在正确的时间和位置完成部署。这就需要他们在比赛中保持高度的警觉性，确保每个人都了解并执行自己的任务。这种防守策略也有一定风险。过于深入的回撤导致对方获得大量的投篮机会，特别是三分线外的投篮。为了防止这种情况出现，球员需要不断地调整位置，确保可以迅速封堵对方的投篮线路。但当执行得当时延迟防守可以为球队带来双重好处。一方面，它可以让球员在比赛中得到短暂的休息，为之后的进攻或高强度防守储备体力。另一方面，它迫使对方在攻击时消耗更多的时间，从而减少双方的回合数，降低对方得分的机会。

（三）夹击和双人包夹

夹击和双人包夹是高效的防守策略，通常用于对抗技术娴熟或得分能力较强的对方球员。这种策略的核心在于利用两名球员的协同作战，限制或剥夺某位对方球员的控球权，从而切断其进攻路线或迫使其做出错误的决策。当球员独自面对高技能的对手时，他的防守压力会显著增加，因为他必须在短时间内应对多种的进攻模式。夹击或双人包夹通过加入另一个防守球员，将这种压力分散，使进攻球员的压迫感增加。

在高校篮球比赛中，夹击和双人包夹是一种有效对抗对方主力球员的策略。它可以打乱对方的进攻节奏，迫使其他非主力球员来承担得分任务。然而，此策略的成功执行需要两名球员之间的默契配合。他们需要迅速识别出何时应该进行夹击，如何有效地限制对方球员的活动空间，以及在何时放弃夹击而回到原位防守。夹击的时机选择至关重要。理想的夹击是在对方球员即将突破或转身时发起，这样可以最大限度地减少他的反应时间，使其做出紧迫的决策。然而，过早或过迟的夹击都给对方留下空当，使其找到其他传球或得分机会。双人包夹除了对抗主攻球员外，还常用于限制内线强力球员。当一个大个子球员在低位接球时，另一名球员会迅速加入，和原本的防守球员一起形成包夹，迫使对方在狭窄的空间内做出选择。此时，对方球员的传球视野和出手空间都会被严重限制，提高了失误的概率。

这种策略也带来了一些风险。夹击或双人包夹意味着场上有一名对方球员处于无人盯防的状态，如果对方能够迅速找到这名球员，那么他们很可能获得得分机会。因此，执行夹击和双人包夹策略的球队必须在短时间内完成夹击，并迅速回到防守位置。为了提高夹击和双人包夹的效果，球队应进行专门的训练，加强球员间的沟通和配合。教练应确保每位球员都了解自己在夹击中的角色，以及如何根据比赛情况迅速调整自己的位置。

三、防守战术实战应用的要点

防守在篮球中占据了至关重要的位置。坚如磐石的防守可以让进攻压力大减，为球队创造更多胜利的机会。在高校篮球比赛中，由于球员的技术、身体和经验等方面的差异，使得防守战术的实战应用尤为复杂。以下是一些关于防守战术实战应用的要点（见图 4-8）。

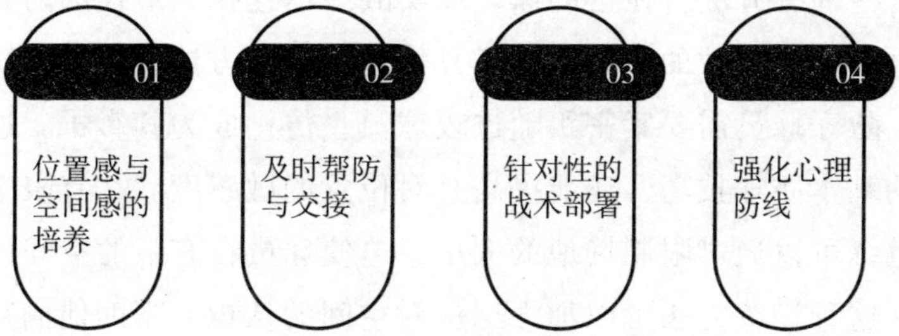

图 4-8　防守战术实战应用的要点

（一）位置感与空间感的培养

位置感和空间感在篮球的防守中占据至关重要的位置。正是这两种感知能力，确保了球员在场上能够做出及时且准确的判断，进而执行团队的防守战术。当球员能够准确地判断自己、队友、对方和篮球在场上的位置，他们就能更有效地遏制对方的进攻，给对方制造失误，并为自己的队伍创造反击的机会。

1. 理解位置的重要性

每一个成功的防守动作，背后都离不开对位置的精准判断。这并不仅仅是指球员知道自己在场地上的大致位置，更涉及如何根据比赛的发展，迅速调整自己的站位，以达到最佳的防守效果。例如，当进攻球员准备起跳投篮时，防守球员需要判断自己的站位是否能够有效地干扰或封盖这一投篮动作。如果站位太远，那么干扰的效果会大打折扣；如果站位太近，又容易犯规。因此，对位置的精准判断是防守成功的关键。

2. 空间的把握

空间感其实是对位置感的一种拓展。它不仅仅关注单一球员的位置，更关注球员与场地、球员与球员之间的相对距离和位置关系。空间感意味着球员能够根据比赛的节奏和对方的进攻策略，快速地调整自己的站位，以最大限度地缩小对方的进攻空间。一次成功的协防，往往就是对空间感的最好诠释。当对方的主要进攻球员突破时，其他的防守球员需要迅速收缩到篮下，形成紧密的防守网，从而迫使对方球员放弃突破，选择外线跳投或传球。

3. 定位训练

为了培养和加强球员的位置感和空间感，教练可以采用多种方法进行定位训练。这些训练方法旨在帮助球员在实战中迅速找到最佳的防守位置，以及与队友之间形成有效的防守协同。具体包括三种方法。①影子防守：在这种训练中，防守球员需要紧密跟随进攻球员，仿佛成为其影子。这不仅可以培养球员的基本防守技巧，还能提高其对位置的敏感度。②有限空间的五对五比赛：教练可以通过限制场地的大小，迫使球员在有限的空间内进行五对五的比赛。这种训练方法可以加强球员对空间的认识，帮助他们在紧凑的防守中找到最佳的站位。③站位调整练习：教练可以设置不同的比赛场景，要求防守球员根据场景的变化，迅速调整自己的站位。这种训练方法能够加强球员对比赛发展的预判能力，以及对站位的调整能力。

（二）及时帮防与交接

在防守时，球员之间的合作同样重要。帮防和交接是两种常用的合作策略，可以有效应对对方的进攻。

1. 帮防的策略

帮防意味着当队友在防守处于劣势时，其他球员迅速移动到那一区域，阻止对手得分。成功的帮防需要强烈的团队合作精神、对比赛节奏的敏锐判断以及高度的战术纪律。中锋会离开他的防守区域，去帮助外线球员防守对方的突破，其他球员则需要填补中锋留下的空缺，避免对方在篮下轻松得分。这就是典型的帮防策略，其目的是迫使对方做出低效率的选择。

2. 交接的策略

交接是两名防守球员在面对挡拆或变向时，迅速交换防守对象的策略。当进攻球员设置挡拆时，防守球员可以选择通过交接来防守，确保不出现明显的失位。例如，当一名快速的后卫与一名高大的前锋挡拆时，后卫的防守球员会被前锋的大体型挡住，前锋的防守球员可以迅速交接，去防守后卫的突破，从而避免失位。交接成功的关键在于两名球员之间的无缝沟通和默契。他们需要在瞬间判断是否进行交接，然后迅速行动，确保不给对手留下进攻空当。交接后的位置也是关键。球员需要确保自己的站位不会留下易于突破的空间，也不会被对手轻松找到传球线路。因此，交接的策略并不仅仅是两名球员的事，而是需要整个团队协同配合，确保防守的连续性。

（三）针对性的战术部署

针对性的战术部署意味着教练和球员需要深入了解对方球队的特点和习惯。这包括但不限于对方球队的得分手法、组织核心，以及他们常用的进攻手法。球队通过这样的了解，可以制定出专门针对对方的防守策略。

识别对方的进攻模式和特点是这个过程的开始。例如，如果对方的进攻重点是内线，那么球队需要加强内线的协防，减少对方大个子球员的得分机会。反之，如果对方擅长外线投篮，那么紧贴防守和迅速封堵射手变得至关重要。仅仅知道对方的特点是不够的，更重要的是如何将这些信息转化为实际的防守策略。这涉及对特定球员的特殊看护，或者是调整队员在场上的位置，以确保能够及时对抗对方的进攻。例如，对于那些善于突破的球员，可以考虑使用体型较大、移动速度快的球员进行防守，以减少其突破的机会。其他球员也需要随时准备进行协防，以确保即使对方球员突破了第一道防线，也不能轻松上篮得分。针对性的战术部署也意味着在比赛中根据实际情况进行调整。因此，灵活性和应变能力同样重要。球队需要在比赛中不断地观察、分析并做出决策，确保防守策略能够应对对方的进攻。

在高校篮球比赛中，由于球员的技能和体验都在不断成长和变化，这种针对性的战术部署尤为关键。好的教练不仅能够看到对方的弱点，还能够确保自己的球队能够充分利用这些弱点，从而在比赛中取得优势。

（四）强化心理防线

篮球比赛中除了技术、体能和战术，心理素质也是决定胜负的关键因素。强化心理防线意味着提升球员在比赛中的心理稳定性，使其在关键时刻能够做出正确的判断和决策。

在防守端，球员常常面临对方的压迫和挑战。例如，当对方球员连续得分或表现出色时，会使球员产生挫败感或压力。坚固的心理防线能够使球员保持冷静，不受对方表现的影响，继续执行自己的任务。心理防线的强化也涉及对失败的处理。在篮球比赛中，失误和失败是常有的事。如何看待和处理这些失误，对球员的后续表现有着直接的影响。培养球员良好的心理弹性，让他们学会从失误中吸取教训、快速调整状态，而不是沉浸在失误的阴影中，是强化心理防线的关键。强化心理防线还包括提升球员的信心和自信。信心来源于训练和实践，而自信则来自成功的体验和教练的鼓励。教练需要确保每名球员都明白他们在防守端的价值和重要性，使其相信自己有能力完成任务。

高校球员由于年轻，更容易受到情绪的影响。这使得心理防线的强化在高校篮球比赛中尤为重要。教练需要通过日常训练和比赛，帮助球员建立起坚固的心理防线，使其在比赛中能够发挥出最佳水平。

第四节　高校篮球比赛中的战术运用

篮球比赛是一个充满变数的过程，各种比赛情境都在一瞬间出现。高校球队面对这些情境时能否迅速、准确地做出战术调整和应对，将直接影响比赛的最终结果。

一、落后局面下的进攻调整方法

当一支篮球队在比赛中落后，如何重新构筑进攻战略和提高效率显得尤为关键。以下是在落后局面下的进攻调整方法（见图 4-9）。

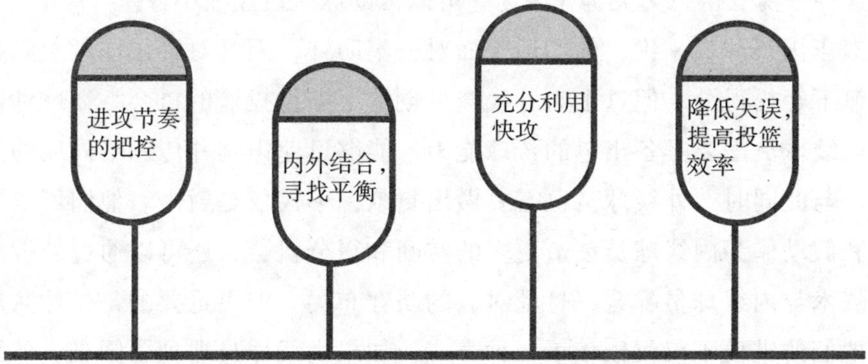

图 4-9　落后局面下的进攻调整方法

（一）进攻节奏的把控

篮球比赛的进攻节奏是一种微妙的平衡，涉及时间、空间和球员动作的协同。在落后的比赛中，掌握进攻节奏至关重要，因为它决定了球队如何有效地利用每次进攻机会来得分。落后并不意味着盲目地加快进攻速度，而是要更加聪明、有策略地进攻。在比赛的大部分时间里，球队会采取一种中等速度的进攻节奏。但当落后时，队员会感到紧张或焦虑，导致他们冒险或过于急躁。这时，教练和场上领袖球员的角色变得尤为重要，他们需要确保球队保持冷静，继续执行原定的战术。他们还要确保球队的进攻节奏不被对方控制。这意味着快速进攻，也意味着减慢速度，以确保每次进攻都有高效率的得分机会。

更深入地讲，进攻节奏不仅仅是关于速度，它还涉及如何在特定的时间内使用场地空间，以及如何确保每位球员都参与到进攻中。例如，利用挡拆和跑动，球队可以创造出有利的二打一或一打一的机会。球员通过高效的传球和运球，可以确保自己在最佳位置接球并完成进攻。

（二）内外结合，寻找平衡

篮球中的进攻策略很大程度上依赖于内外结合的平衡。高效的进攻通常涉及既有外线射手的远程投篮，也有内线球员的近距离得分。当比赛落后时，寻找这种平衡变得更为关键，因为它可以帮助球队迅速缩小分差。

对于内线球员来说，他们通常面对密集防守，因为对手往往试图阻止他们在篮下轻松得分。但这也为外线球员创造了空位投篮的机会。在这种情境下，内线球员需要具备出色的传球能力，能够迅速识别并传球给外线的开放球员。与此同时，外线球员也需要做出贡献，不仅仅是射击。他们可以通过跑动和假动作为内线球员创造更多的空间和得分机会，还可以通过挡拆和反跑等战术与内线球员配合，打乱对方的防守布局。但更重要的是，球队需要确保他们的进攻不仅仅依赖于一种方式。如果内线球员遇到了困难，外线球员需要准备好挑大梁。

（三）充分利用快攻

在比赛中，快攻往往是球队打破僵局、迅速缩小分差的重要手段。尤其在落后局面下，成功的快攻为球队带来转机，甚至改变比赛的局面。快攻的实质是利用对方防守的短暂空当，通过快速传球和突破，尽量在最短的时间内完成进攻。为了做到这一点，要做好强化防守。通过加强前场的盯人，增加抢断的机会，或者在后场快速完成防守篮板球，都可以为快攻创造机会。当然，快攻并不是简单的全队冲刺。它需要球员瞬息间做出正确的判断：是选择传球给位置更好的队友，还是选择自己突破上篮或者三分出手。这种判断往往基于球员的经验和对比赛节奏的把握，但也有赖于教练在平时的培训和指导。快攻除了能迅速得分外，还有一个重要的心理层面的效果：打乱对方的节奏，给予队员信心和斗志。在连续得分后，对方球队会出现短暂的混乱，这正是继续加大进攻力度、扩大得分差距的好机会。

（四）降低失误，提高投篮效率

落后时，每一次的进攻都显得尤为宝贵。因此，球队在进攻时必须确保每一次机会都能最大化地转化为得分，而降低失误和提高投篮效率便是关键。失误不仅会浪费进攻机会，还可能为对方创造反击的机会。在落后的情境下，这样的代价是球队所不能承受的。控制球权、减少盲目传球是降低失误率的有效途径。而为了提高投篮效率，球员需要更加注重传球配合，尽量在无人或人少的情况下出手，这样不仅能提高投篮命中率，还能为队友创造更多的二次进攻机会。

二、领先局面下的防守策略

领先局面下的防守策略是一个至关重要的话题，因为它涉及如何保持和扩大已有的领先优势（见图 4-10）。成功的防守不仅可以减少对手的得分机会，还可以提振己方士气，同时打击对方的斗志。

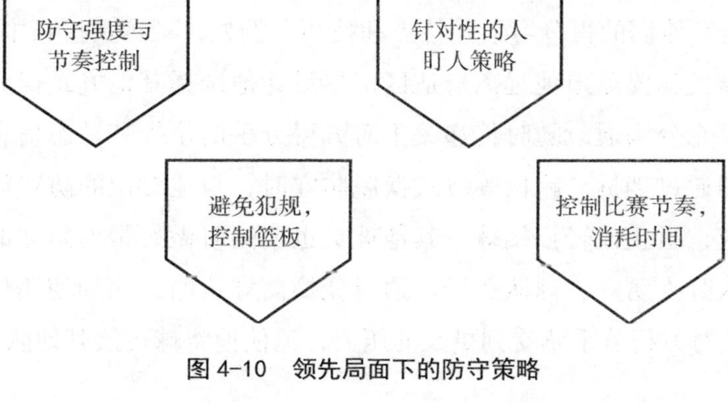

图 4-10　领先局面下的防守策略

（一）防守强度与节奏控制

在竞技体育中，领先并不意味着胜利已经在握。尤其在篮球这样的高强度、分差快速逆转的运动中，保持对局面的控制尤为关键。此时，防守的强度和比赛的节奏就显得至关重要。

领先时球队很容易产生一种错觉，认为自己已经取得了足够的优势，可以稍微放松。但实际上，对方球队往往会利用这种放松，发起猛烈的反扑。因此，提高防守强度不仅仅是为了防止对方得分，更是为了维持自己的领先优势，不给对方逆袭的机会。这需要球队在防守端形成一个强大的整体，密切合作，无论是一对一的单打防守，还是协同的团队防守，都要做到位。比赛节奏的控制也是防守的一部分。领先时，不应盲目追求快速进攻，这样只会给对方球队更多的快攻机会。相反地，球队应该适当放慢进攻节奏，通过精准的传球和有意识的挡拆来消耗时间，同时寻找最佳的得分机会。这样做不仅可以消耗比赛时间，还可以减少自己的失误，降低对方反击的机会。

（二）针对性的人盯人策略

篮球虽是团队运动，但在特定的时刻，个人的能力和技巧仍然较为关键。领先时，对方球队会更多地依赖主要得分手来寻求得分机会。此时，针对性的人盯人策略就显得至关重要。

教练需要对对方得分手有深入的了解。这不仅仅要知道他们的得分数据，更要深入研究他们的得分习惯、特点和技巧。例如，某球员擅长中距离投篮，那么防守球员就要逼迫他远离舒适区，尽量让他选择其他方式得分。球员在场上也需要充分沟通，随时传递关于对方得分手的位置和动态信息。当对方得分手试图通过挡拆、跑位等方式摆脱防守时，与他对位的防守球员应该迅速做出反应，阻止他轻松接球，其他球员也要随时做好帮助防守的准备。除了主动的人盯人防守，球队还可以通过变换防守策略，比如使用包夹、夹击等方式，让对方得分手感受到更大的压力，迫使他将球传给其他队员。

（三）避免犯规，控制篮板

在篮球比赛中，犯规与篮板控制都会对比赛结果产生直接影响。特别是在领先的局面中，如何处理这两个方面成为决定比赛走向的关键。

过多的犯规不仅给对方提供罚球的得分机会，而且使球队陷入犯规困境，使得关键球员因犯规过多而被迫下场。为了避免不必要的犯规，球员在防守时必须具备良好的站位意识，及时做出合适的防守选择。球员也需要避免在对方的投篮动作中过于积极地封盖，以减少因为手部接触导致的犯规。控制篮板同样至关重要。篮板控制不仅可以结束对方的进攻，还能为己方创造更多的进攻机会。在防守篮板方面，球队需要确保每名球员都有明确的包夹职责，避免出现对方球员轻松跟进的情况。尤其是对于那些擅长二次进攻的球队，严密的篮下防守和有效的篮板控制是压制其进攻的有效方法。控制篮板还可以为己方创造快攻机会，进一步扩大比分差距。

（四）控制比赛节奏，消耗时间

篮球比赛中，时间是每个球队都必须面对的敌人或盟友。在领先的情况下，控制比赛的节奏和合理地消耗时间显得尤为关键。领先时许多球队选择减缓进攻节奏，确保每次进攻都能消耗大量的时间。这种策略背后的逻辑很简单：少给对方持球时间，限制他们追平或逆袭的机会。为了实现这一策略，球队可以选择在半场进攻时多传少射，尽量在进攻时间的后段出手。这样做的好处是，即使投篮不中，也消耗了大量的时间。除了在进攻端控制节奏，球队还可以通过调整防守策略来间接地影响比赛节奏。例如，选择使用全场压迫防守，迫使对方在进攻时做出更多的传球，从而消耗更多的时间。或者在半场防守时使用变换的防守策略，迫使对方需要更多的时间来找到有效的进攻策略。

三、与对手实力相当时的战术变化

当两支球队的实力相当时，赛事的走势通常难以预测，胜负往往取决于细节。在这种情况下，球队的战术变化成为决定比赛结果的关键因素（见图 4-11）。

图 4-11　与对手实力相当时的战术变化

（一）适应性的调整

适应性是在实力相当的球队中脱颖而出的关键。对成熟的球队而言，如何在短时间内对当前的比赛情况进行判断和调整，往往决定了比赛的胜负。为了实现这一目标，教练的策略洞察和球员的场上应变能力都应达到顶级水准。比如，当对方使用高压防守策略时，其目的是限制我方的进攻空间，迫使我方失误。在这种情况下，教练可以指示球员更多地利用掩护和挡拆策略。挡拆策略不仅可以为控球者创造更多的进攻机会，还可以为其他球员提供投篮空间。而掩护则可以帮助我方球员甩开紧逼的对方球员，获得更好的进攻位置。

反观另一种情况，当对方主攻内线，试图通过身体对抗打破我方的防守时，球队则需要迅速调整策略。区域性防守策略在此时就显得尤为重要。它可以帮助球队更集中地封堵内线，限制对方的进攻路径。而球员之间的及时沟通和协作则可以确保防守无死角，形成坚不可摧的防守体系。

（二）不断变换打法

在篮球赛场上单一的战术布置和固定的打法很容易被对方看穿，从而失去其效用。实力相当的对手往往拥有较高的战术素养，他们可以快速识别并针对性地打破我方的战术布局。因此，灵活性和多样性成了赢得比赛的关键。

频繁地变换防守策略可以使对方的进攻布置陷入困境。从紧逼盯人到区域防守，从双人夹击到防守转换，这些不同的防守方式都可以根据比赛的实际情况进行调整。而在进攻端，多样化的配合模式可以让我方始终保持进攻的主动权。无论是高位挡拆、底线跑动，还是三角进攻、强侧打法，都可以根据球员的特长和对方的防守弱点进行灵活运用。不同的球员组合也是一个有效的变革策略。比如，在某段时间，可以考虑派出速度快、控球稳的后场组合来对抗对方的紧逼盯人；而在另一段时间，可以考虑使用身体素质好、防守强硬的前场球员来对抗对方的内线进攻。这样的多变打法不仅可以让我方始终保持竞争力，还可以让对方始终处于应对的被动状态。

（三）心理素质的考验

篮球比赛往往充满了变数，特别是在实力相当的双方对决时，比赛的节奏、得分的变化、裁判的判决等都影响球员的心理状态。因此，如何在这种高压情况下保持冷静、做出准确的判断和决策，成为决定比赛胜负的另一个关键因素。具有强大心理素质的球员可以更好地应对比赛中的各种情况。无论是面对对方的连续得分，还是面对裁判的不利判决，他都可以保持冷静和专注，确保自己的表现始终保持在最佳状态。

为了培养球员的心理素质，教练在日常的训练中也需要付出额外的努力。这包括模拟比赛中的高压情况，使球员习惯在这种情况下进行决策和执行，也包括进行心理辅导，帮助球员建立自信，克服心理障碍。

四、面对强队时的策略布置

面对强大的对手，成功的策略布置不仅需要详尽的敌情分析，还需要在比赛中进行有针对性的调整和执行，聚焦紧密的防守、进攻形式的多样性和球员心态与执行力的培养都是取得胜利的关键（见图 4-12）。只有将这些因素结合起来，球队才有可能在对决中取得胜利。

图 4-12　面对强队时的策略布置

（一）详尽的敌情分析

敌情分析是面对强队时策略布置的第一步。仔细、深入地分析敌情能够确保球队在比赛前对对方有足够的了解。这不仅仅涉及对对方球员的技能和风格的了解，还包括了解对方球队的战术倾向、常用的进攻和防守策略以及其他影响比赛的因素。

视频回放是敌情分析中的重要工具。球员通过观看对方球队过去的比赛，可以发现其习惯性的打法、哪些战术对他们特别有效以及他们在关键时刻会如何应对。注意对方球员在特定场景下的决策倾向，如他们在紧逼防守时会如何处理球，或者他们在面对不同的防守策略时如何调整自己的进攻策略。除了视频回放，数据分析也是不可或缺的工具。在篮球比赛中，各种高级统计数据为教练提供了深入了解对手的可能性。这些数据可以揭示对方球员的得分高效区域、他们在比赛中的得分和失分习惯，以及其他有价值的信息。

（二）聚焦紧密防守

面对技术高超的对手，紧密的防守往往是控制比赛、给予己方胜利机会的关键。紧密防守意味着每一名球员都应全神贯注，与队友保持沟通，并按照教练的指示行动。重点封堵对方的得分点是紧密防守的一个核心概念。这需要球员间进行紧密的协作，确保对方的得分手无法轻易找到得分机会。这涉及特殊的防守布局，如“三人包夹”或“盯人＋区域混合防守”，来对抗对方的得分手。控制篮板球也是紧密防守的关键组成部分。成功的防守回合往往以抢下防守篮板球为结束，这不仅阻止了对方的得分，还为己方创造了快攻机会。

（三）进攻形式的多样性

每个球队都会制定进攻和防守战略，但往往是基于对传统战术的解构，并不适用于每场比赛和所有对手。为了加强进攻的有效性，需要在进攻形式的多样性上下功夫。

为了实现这种多样性，教练应考虑使用多种阵容和球员组合。不同的球员组合可以提供不同的进攻方式，从而使对手在短时间内调整防守策略。例如，当球队拥有两名优秀的外线球员时，可以同时利用他们在场上制造更多的三分投篮机会。持续的进攻策略变化还要求球员具备较高的篮球智商和技巧。这意味着球员不仅能够熟练执行各种进攻策略，还能够在比赛中根据对方的防守进行即时调整。在这种情况下，即时的场上沟通成为关键，球员之间的默契和理解也至关重要。

（四）心态与执行力的培养

心态是每场比赛的决定性因素，特别是在面对强大的对手时，良好的心态能够使球员在场上表现得更加自信、坚定，即使在困境中也不会轻易放弃。为了培养这种心态，教练需要在日常训练中注重球员的心理调整。这包括与球员进行一对一的交谈、组织团队活动以加强团队的凝聚力，以及通过模拟比赛帮助球员熟悉压力情境。执行力不仅涉及球员的技能和知识，还涉及他们在场上的决策制定。强队往往会对对手施加较大的压力，迫使他们犯错误。在这种环境下，球员需要快速、准确地执行教练的战术指示，也要做出合理的判断。为了提高执行力，教练应在训练中模拟真实的比赛环境，使球员熟悉各种出现的场景。这种高强度、高压力的训练可以帮助球员在关键时刻做出正确的决策，从而提高球队在面对强队时的竞争力。

第五章 高校篮球科学训练相关理论

第一节 高校篮球训练计划的制订

打篮球不仅是一种体育运动，更是一个融合技巧、策略和团队精神的综合体验。高校篮球既是展现个人才华的舞台，也是培养学生团队合作和竞技精神的重要手段。为了确保高校学生能够获得全面的发展，并为未来做好准备，一个科学、合理的训练计划显得尤为必要。

一、高校篮球训练计划的重要性

高校篮球已逐渐成为众多体育爱好者关注的焦点，不仅因为打篮球这项运动本身的吸引力，更因为高校学生正处在关键的技能和生理发展期。在这一重要时期，高校篮球训练计划显得尤为关键。它为运动员提供了方向，引导他们朝着正确的方向发展，使他们的潜能得到最大化发挥。训练计划保证了运动员在这一关键时期接受科学和系统的训练。体育运动，尤其是打篮球，其成功不仅依赖运动员的身体条件，更多的是对技术和策略的掌握。而这一切，都需要在训练中逐步积累。一个精心设计的训练计划，可以确保运动员在技术、策略、体能等多方面都得到均衡的发展。高校篮球训练计划还起到了培养球员团队意识的作用。篮球作为团队运动，重视团队合作是取得比赛胜利的关键。有了明确的训练计划，运动员在每次训练中就会知道自己的任务和目标，这使得他们更容易形成默契，更好地进行团队配合。

对于一些高校球员而言，篮球或许是他们的未来职业选择。在这样的前提下，高校篮球训练计划为他们提供了一个明确的方向，使他们能够在此阶段为自己的未来职业生涯做好充分的准备。不仅如此，这一时期也是学生面临学业压力较大的时候，如何在繁重的学业中保持对篮球的热情和训练，是他们面临的一个难题。制订合理的训练计划能够帮助他们找到学业与运动之间的平衡。心理素质在篮球这样的竞技运动中同样十分关键。高强度、高压力的比赛环境很容易使运动员产生心理压力，但一个结构化合理的训练计划能够通过模拟比赛中的各种情境，逐步培养球员的心理承受能力，使他们在真正的比赛中能够更好地面对压力，发挥出自己的最佳水平。

对于教练团队而言，高校篮球训练计划为他们提供了明确的指导方针，使他们在训练中有的放矢，更有效地对运动员进行教学和指导，也方便了他们对球队的整体管理和建设。

二、高校篮球训练计划的制订原则

打篮球作为一项综合体育运动，在高校中的普及率与受欢迎程度逐渐攀升。随着高校篮球赛事的层出不穷，科学的训练计划为学生提供了更加系统和有效的训练方法。制订高校篮球训练计划时，需要严格遵循高校篮球训练计划的制订原则，即科学性、个体性、全面性和连续性。

（一）科学性

篮球作为一项广受喜爱的团队体育运动，既是技巧与策略的结合，也是对运动员身体的全面考验。因此，科学性在训练计划的制订中占据至关重要的地位。制订一个科学的训练计划须基于对现代运动科学的深入理解和研究。

运动生理学主要研究如何优化身体机能来满足运动的需求。例如，持续的中低强度训练可以增加心肺耐力，而短时间的高强度间歇性训练有助于提高爆发力。在制订训练计划时，教练需要确保球员得到这两种训练，以便在比赛中能够应对各种情况。生物力学则探讨运动中的力和运动，以及如何使用生物力学来提高运动效率。通过对投篮、运球和过人等基本动作的生物力学分析，教练可以指导球员更科学、更高效地完成这些动作，从而提高比赛成绩。心理学在篮球训练中同样扮演着重要角色。面对紧张的比赛，如何保持冷静、如何更好地与队友沟通、如何在逆境中调整心态等都是心理学所研究的内容。教练需要确保球员在接受技能和体能训练之外，也得到足够的心理支持和指导。营养学则为球员提供了合理的饮食建议，确保他们在训练和比赛中都能得到充足的能量，同时也为身体的恢复提供了支持。

（二）个体性

篮球队虽然由多名球员组成，但每名球员都是一个独立的个体，拥有自己的特点和需求。因此，训练计划的制订必须考虑到这种个体性，确保每名球员都能接受适合自己的训练。

球员的身体条件、技能水平、学业压力和心理特点都影响他们在训练中的表现。例如，一名身高 2 米的中锋和一名身高 1.75 米的后卫在训练内容和方法上存在很大的差异。同样地，一名资深的球员和一名刚入队的新手在技能和经验上也有很大的差距。为了确保每名球员都能得到最好的训练效果，教练需要深入了解他们的背景和需求，制订出针对每个人的个性化的训练计划。这不仅仅是为了提高球员的比赛成绩，更是为了确保他们在训练中不会受伤，能够健康地、长时间地从事这项运动。由于高校球员的主要任务是完成学业，因此制订训练计划时还须考虑到他们的学业压力和学习时间安排，确保训练与学习两不误。

（三）全面性

打篮球作为一项高度系统性的体育项目，其训练计划要求对运动员进行多方面的培训。而在高校层面，由于球员通常是学生，这种多维度、全面性的训练更加关键。

技能和身体训练无疑是篮球训练的基石。运球、投篮、防守等基础技能要求球员经过大量的重复训练来打磨。体能训练，如力量、速度和耐力等，也是确保球员在比赛中能够持续高效发挥技能的关键。篮球并不只是身体上的对抗，心理层面的培养同样重要。在比赛中，面对对手、裁判甚至观众给到的压力，如何保持冷静，如何在关键时刻做出正确决策，这些都是一名出色球员所必备的。因此，心理调适训练应当被纳入全面的训练计划中，培养球员的比赛心态和应对压力的能力。除此之外，团队合作是篮球的核心要素。即使是最顶尖的球员，也难以通过单打独斗取得胜利。因此，培养球员的团队合作意识，让他们理解自己在团队中的角色，是训练计划中不可或缺的部分。

（四）连续性

打篮球像其他运动一样，是一个不断进步的旅程。为了保证球员能够持续提高水平，训练计划的连续性显得尤为重要。每个赛季都可以划分为不同的阶段，而每个阶段都有其特定的训练目标。在准备期，球员远离了比赛的压力，这是一个培养基础体能和技能的好时机。教练会布置大量的基础练习，以确保球员在技能和体能上达到最佳状态。进入比赛期，球队的训练重心逐渐转向比赛策略和团队合作。教练会根据即将面对的对手制定特定的战术，并在训练中模拟比赛情境，让球员熟悉并在比赛中执行。当赛季结束，进入恢复期，球员的身体和心理都需要得到足够的休息。此时，训练的重点是帮助球员恢复体能，处理伤病，以及进行一些轻量级的技能训练。

三、高校篮球训练计划的制订步骤

高校篮球训练计划的制订是一个系统的、循序渐进的过程，需要教练和团队管理者深入了解后做出细致的规划和不断的调整，按步骤进行（见图 5-1）。只有这样，才能确保训练计划真正符合球员的需求，帮助他们在球场上取得出色的表现。

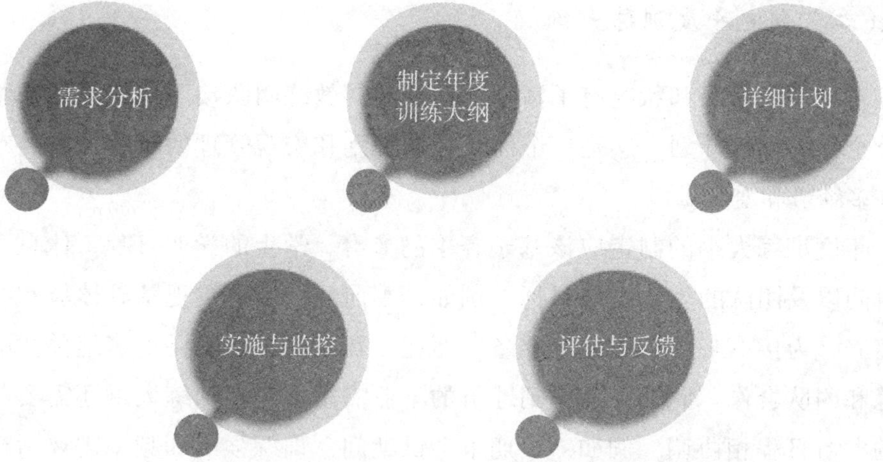

图 5-1　高校篮球训练计划的制订步骤

（一）需求分析

在高校的体育文化背景下，篮球训练是一项充满挑战的任务，其核心是确保每位球员都能得到适当的关注和发展。制订高效的训练计划，首先要从对球员的深入了解开始，这就是需求分析的重要性。

为了全面评估球员的需求，教练团队必须对他们的技能水平、身体状况、学业进度和其他相关因素进行全方位的考察。例如，对于技能水平，可以通过观察和测试来评估学生在投篮、传球、运球和防守等方面的表现；而对于体能状况，则需要考察他们的力量、速度、耐力和灵活性等。高校球员面临的不仅仅是技能和体能上的挑战，他们还要应对学业压力、心理调适和社交交往等问题。例如，当球员在学业上感到压力时，他们在球场上的表现会受到影响；而如果他们在团队中遇到人际关系问题，那么团队的整体合作也受到威胁。因此，与球员的深入交流和了解他们在校园生活中的各种挑战对教练团队来说是至关重要的。通过与球员的交流，教练团队可以了解到每位球员的个性、习惯、喜好和擅长的技能，以及他们在球场外的生活和学业状况。这有助于教练团队更好地制订训练计划，确保每位球员都能得到关注和培养。

（二）制定年度训练大纲

对球员的需求和状况有了清晰的认识后，教练团队接下来的任务是制订一个全年的训练计划。这是一个涉及长期规划和宏观管理的过程，需要考虑到许多细节和变数。

年度训练大纲的制定应该基于赛季的节奏、学生的学业日程、休息和恢复时间以及团队的整体发展目标。例如，季前的训练更重视基础体能和技术的培养，为接下来的比赛做好准备；而在比赛期间，则需要更多地关注战术演练和团队合作。此外，考虑到球员的学业需求，年度训练大纲还需要与学校的学习日程相协调。例如，在期末考试期间，训练强度和频率需要适当降低，确保球员有足够的时间和精力准备期末考试。比赛日程也是制定年度训练大纲时必须考虑的重要因素。球队需要参加各种校内和校外的比赛，这意味着训练计划需要灵活调整，确保球员在比赛前做好准备。为了确保年度训练大纲的有效实施，教练团队还需要考虑如何进行持续的监控和调整。这意味着在实际训练过程中，要根据球员的表现和反馈，及时修改和完善训练内容，确保每一次训练都能达到预期的效果。

制定年度训练大纲是一个既复杂又重要的任务，需要教练团队具备对球员深入的了解、设定明确的目标和制定灵活的策略。只有这样，才能确保球队在整个赛季中都能保持最佳的状态，不断进步和发展。

（三）详细计划

在高校篮球的培训体系中，详细计划的制订是一个至关重要的环节。一份精心设计的训练计划不仅能确保球员技术和体能的全面提高，还能助力他们在学业和比赛中取得更好的成绩。

年度大纲为教练团队提供了一个总体的框架，而详细计划则需要对每一次训练进行深入的规划。这意味着要考虑每个练习的目的、方法、时长和顺序，确保每一次训练都能达到预期的效果。如果某一天的训练重点是投篮技巧，那么教练团队需要设计一系列有针对性的练习，如站位投篮、跳投和三分投篮等，并确定每个练习的时间和次数。为了增强训练的实战性，还可以模拟比赛中的场景，如进行二打二或三打三的小组对抗训练。除了技术训练，详细计划还应包括体能训练和战术演练。体能训练可以帮助球员增强身体素质，如力量、速度和耐力等，而战术演练则能帮助球员更好地理解和执行比赛中的策略。详细计划还需要考虑到球员的身体和心理健康。这意味着要为球员安排合理的休息和恢复时间，确保他们在训练和比赛中都能保持最佳状态。例如，经过一周的高强度训练后，教练团队可以为球员安排一天的恢复训练，如瑜伽或轻松跑步，以帮助他们放松身心、减轻疲劳。

（四）实施与监控

详细的训练计划制订完毕后，关键是如何确保其有效实施。每一次训练之前，教练应简明扼要地介绍训练的内容和目标，确保每位球员都清楚自己的任务。在训练进行过程中，教练应密切关注每位球员的表现，对于出现的问题和不足，给予及时的指导和反馈。实施与监控不仅要关注球员技术和体能的训练，还要注意球员的心理状态。例如，如果某位球员在连续几次训练中表现不佳，教练应与其进行单独交流，了解其遇到的困难或问题，并给予其相应的帮助和支持。

随着赛季的进行，会出现一些突发情况，如球员的伤病或其他突发事件。在这种情况下，教练和团队管理者应及时调整训练计划，确保球队的整体目标不受影响。

（五）评估与反馈

在高校篮球的训练体系中，评估与反馈环节占据了不可或缺的位置。这是因为无论训练计划多么完善，它仍然需要在实践中不断调整和完善。而这种调整和完善的依据，很大程度上来自对训练效果的评估和球员的反馈。评估训练计划的实施效果，首要的步骤是明确评估的标准和方法。标准可以是技术、体能、战术理解等多个维度，而方法则包括了数据统计、实地观察和录像回放等。例如，通过统计每位球员在训练中的得分、助攻和篮板球等数据，教练可以对其技术和体能进行定量的评估；而通过实地观察和录像回放，则可以对球员的战术理解和实际表现进行更为直观的评估。评估不仅仅是对球员的表现进行定量和定性的分析，更是为了找出训练计划中存在的问题和不足。如果多数球员在训练中的投篮命中率都较低，那么这意味着训练计划中的投篮练习不够有效；而如果多数球员在训练后都表示身体疲劳，那么这意味着训练的强度和频率需要进行调整。与球员的深入交流是收集反馈的关键。每位球员都是训练计划的直接参与者和体验者，他们对训练的感受和看法，往往能为教练提供宝贵的参考。教练应鼓励球员积极提出自己的意见和建议，无论是对训练内容、方法、强度还是时长等方面的考虑或建议，都应给予足够的重视。

在做好评估和反馈后，教练和团队管理者应及时进行分析，找出问题的根源，并根据球员的反馈进行调整。这种调整涉及训练的内容、方法、时长和强度等多个方面，但其最终目标都是确保训练计划的有效性和球员的持续进步。

第二节　高校篮球训练负荷的科学调整

打篮球作为一项需要球员展现高水平身体协调性、体能和技术的运动，对训练负荷的控制至关重要。特别是在高校环境中，学生球员在学业和体育训练之间必须保持平衡，因此，科学地调整训练负荷显得尤为重要。

一、篮球训练负荷的概念与构成要素

（一）篮球训练负荷的概念

训练负荷是篮球运动中最基本、最活跃的因素，它贯穿篮球运动训练的整个过程。[①] 训练负荷可以视为运动员在训练过程中所体验到的压力与挑战的总和。它不仅仅是物理上的，还包括技术、战术和心理方面的因素。这一概念的核心是平衡，即找到恰当的压力点，使得运动员既不感到过于轻松，也不觉得超出了自己的能力范围。在篮球训练中负荷是对身体和心灵进行刺

① 朱亚男．高校篮球运动教学与训练研究［M］．北京：九州出版社，2017：216，217．

激，促使其超出常态，从而引发身体和技能上的适应性变化。正是这些变化，使得球员能够在比赛中有更好的表现，更高效地执行动作，更快地做出决策。值得注意的是，训练负荷并不是简单的“越多越好”。过高的训练负荷导致运动员过度疲劳，甚至受伤，进而降低训练效果，甚至影响整个赛季。相反地，太低的训练负荷导致运动员技能水平停滞不前，无法在比赛中与对手抗衡。

对于高校的篮球队来说这一概念更加复杂。除了上述因素，还需要考虑球员的学业、生活压力以及其他与运动无关但却影响其表现的因素。这就要求教练员和团队管理者进行更加细致的观察和深入的了解，以确保为球员提供足够训练刺激的同时，也关注球员的总体健康和福祉。

（二）篮球训练负荷的构成要素

篮球训练负荷的构成要素是多方面的，涉及训练的具体内容、方式以及球员的个体特点。对这些要素的深入理解和恰当应用，将有助于实现高效、科学的篮球训练。

1. 训练强度

训练强度是指在训练中每个动作或活动所需付出的努力或能量的程度值。在篮球训练中，强度可以体现为投篮、带球、跳跃或防守等技能的力度和速度。高强度的训练有助于模拟真实比赛情况，使球员更好地适应场上的竞争环境。但过高的强度容易导致球员过度疲劳，增加受伤风险。因此，如何平衡强度以达到最佳效果是教练和球员都必须考虑的关键问题。

2. 训练频率

训练频率指的是在一定时期内进行训练的次数。频繁的训练可以加强技能的巩固，但如果没有足够的恢复时间，它也导致过度使用和疲劳。调整训练频率需要综合考虑赛季的阶段、比赛日程和球员的身体状况。

3. 训练持续时间

每次训练的度或时长直接影响到训练的总体负荷。长时间的训练可以为球员提供更多的机会来练习技能和策略，但也导致球员的注意力分散，效果递减。太长的训练时间也导致身体疲劳和心理压力。因此，根据训练内容和目标来确定恰当的持续时间非常关键。

4. 训练的复杂性

篮球是一项高度协同和策略性的运动，所以训练内容的复杂性至关重要。从基本的球技到复杂的团队战术，教练需要根据球员的经验和技能水平来设计训练内容。高复杂性的训练可以增强球员的应变能力和战术意识，但也要确保球员能够在训练中成功掌握所学内容。

5. 球员的个体差异

每位球员都有其独特的身体条件、技能基础和心理特点。这意味着对于同样的训练负荷，不同的球员会有不同的反应。有些球员更善于处理高强度的训练，而其他球员需要更多的恢复时间。因此，对球员的个体差异进行评估和考虑，及时调整训练负荷，是确保训练效果和球员健康的关键。

二、高校篮球训练负荷的调整原则

高校篮球训练负荷的调整是一门精准的科学，其背后蕴含着一系列严格的原则。这些原则不仅涉及训练的效果，还直接关联到学生球员的健康和安全。为确保每位球员都能够在训练中获得最大的受益，减少受伤的风险，教练必须深入理解和遵循以下调整原则（见图 5-2）。

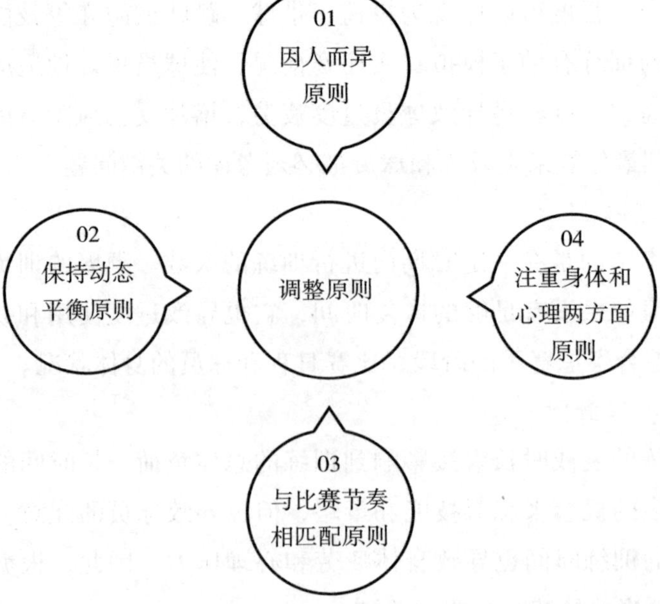

图 5-2　高校篮球训练负荷的调整原则

（一）因人而异原则

高校篮球队中的每一位球员都像是一部独特的乐器，各有其独特的音调和节奏。为了演奏出和谐的乐章，教练需要对每一位球员进行个性化的指导和训练。

身体素质出众的球员，他们的力量、速度、耐力往往是球队的核心资产，但这并不意味着他们应该一直接受高强度的训练。恰恰相反，他们需要更多的恢复和特定的技能培训，以保持其竞技状态。在调整这部分球员的训练负荷时，考虑到他们的力量和速度优势，可以在某些阶段增加对抗性训练，增强其竞技能力。而那些在技巧和策略上更为突出的球员，他们如同篮球场上的大脑，决策每一个进攻和防守的节点。他们需要更为细致的技能训练，更多的球感训练和实战模拟，以提高他们的场上判断和策略布置能力。

每个球员的进步和状况都会影响整个团队的动态。故在调整训练负荷时，教练应当如同匠人般，为每位球员量身打造合适的训练方案，确保团队和谐而高效。

（二）保持动态平衡原则

动态平衡，就像是一个团队持续进步的密码。它意味着教练在调整训练负荷时，不仅要看到球员当前的状态，还要预见他们未来的发展。高强度的训练会在短时间内带来技能的进步，但长期高强度的训练易导致球员的身体过度疲劳，甚至受伤。因此，在高强度的训练后，适时地为球员提供恢复的机会，如简单的身体恢复训练、技能复习或心理建设等，这样可以使球员在短时间内恢复体能，为下一阶段的高强度训练做好准备。动态平衡还意味着教练需要根据比赛和训练的实际情况，灵活地调整训练计划。例如，在关键的比赛前，可以适当减轻训练的强度，确保球员在比赛中有足够的体能发挥。在比赛后，根据球员的实际表现，可以有针对性地加强某些技能或策略的训练。

通过对训练负荷进行动态平衡，不仅可以使球员保持最佳的竞技状态，还可以确保他们在长期的训练和比赛中持续进步，为团队创造更多的胜利机会。

（三）与比赛节奏相匹配原则

在高校篮球场上，每一次的跑动、每一个回合的进攻与防守，都蕴含着一种特有的节奏。这种节奏是紧凑的，充满张力，它让比赛变得跌宕起伏、扣人心弦。为了让球员在这种高压的环境中更好地发挥，训练的负荷和强度必须与比赛的节奏紧密相扣。一个高质量的训练不仅仅是强度高，更重要的是它能够模拟真实比赛中的情境，让球员在训练中体验到比赛的感觉。这样的训练可以使球员在真正的比赛中更加从容，因为他们已经在训练中多次经历了类似的情境。比赛之间的休息时间是宝贵的。这是球员恢复体能、调整状态、总结经验的关键时期。教练在这个时期应当对训练内容进行精心设计，确保球员能够在保证体能恢复的同时，针对上一场比赛中出现的问题进行针对性的训练，为下一场比赛做好充分准备。

（四）注重身体和心理两方面原则

教练在调整训练负荷时，必须平衡身体与心理两方面的需求。身体的调节往往相对容易，如增加或减少某些训练内容、调整训练强度等。但心理的调节则更为微妙。球员因为某次失误而陷入自责，因为某次胜利而过于自满，这些都是教练需要关注的。为了确保球员在心理上处于最佳状态，教练需要建立与球员之间的深厚信任，定期与球员进行交流，了解他们的内心想法和感受，及时调整训练负荷，确保球员身心健康至关重要。当球员遇到心理障碍时，教练更应该成为他们的知己，帮助他们克服困难，恢复自信，再次为球队贡献力量。

三、高校篮球训练负荷的调整方法

在高校篮球队的日常训练中，如何调整和控制训练负荷是一个需要深入研究和持续优化的问题。不恰当的训练负荷会导致球员的过度疲劳，增加受伤的风险，甚至影响球员的学业和心理健康。因此，教练和球员需要掌握一些科学的方法，来合理调整和控制训练负荷（见图 5-3）。

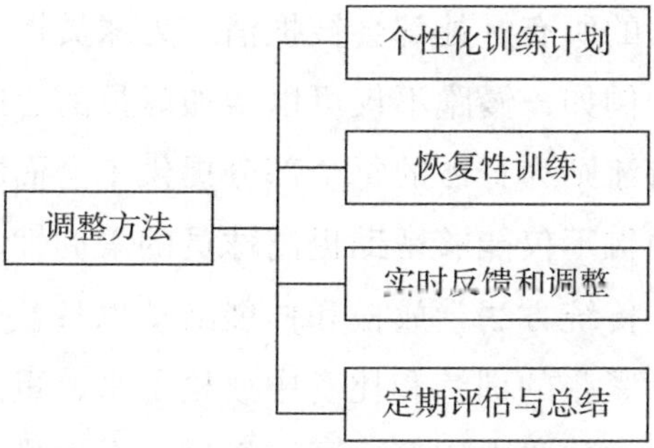

图 5-3　高校篮球训练负荷的调整方法

（一）个性化训练计划

高校篮球队是一个大家庭，由不同背景、不同能力和不同经验的球员组成。因此，采用“一刀切”的方法不会产生最佳效果。每位球员都是独特的，他们的训练需要也是如此。

有些球员具有出色的速度和敏捷性，但在力量方面稍显不足。相反地，另一些球员是真正的力量之源，但需要在速度和敏捷性上进行更多的工作。通过深入了解每位球员的身体状况，教练可以为他们制订有针对性的训练计划，帮助他们取得进步。技术特点也是决定训练计划的另一个关键因素。一个外线球员和一个中锋的训练需要是完全不同的，而确保球员在他们的特定位置上获得必要的技能训练是至关重要的。学业压力和心理状态也是调整训练负荷的重要组成部分。学业是每位学生的首要任务，因此理解和调整以适应他们的学业压力是必要的。对于那些面临更多压力和挑战的球员，提供更多的心理支持和灵活性会更有助于他们的整体进步。

现代技术为教练提供了一个巨大的优势，他们现在可以利用各种设备，如智能运动手表和心率监测器等，实时跟踪球员的生理数据。这些数据为教练提供了关于球员体能、恢复情况和整体健康状况的宝贵信息，使他们能够更加精确地调整训练计划。

（二）恢复性训练

训练的目标是提高球员的技能和体能，但如果不给身体足够的时间来恢复和修复，那么训练的所有好处都会被抵消。为球员提供低强度的有氧运动是恢复的方法之一。例如，慢跑不仅可以增加球员的心肺功能，还可以帮助缓解肌肉的酸痛。游泳则为身体的每个部分提供了全面的锻炼，同时减少了对关节的冲击。而瑜伽不仅能够帮助提高球员的柔韧性，还能够加强他们的核心力量。除了这些传统方法，放松和伸展活动也日益受到重视。深呼吸和冥想可以帮助球员从紧张的训练和比赛中放松下来，重新集中注意力。按摩可以提高血液循环，加速肌肉恢复，同时提供一个放松的环境，帮助球员从心理上和生理上都得到恢复。

（三）实时反馈和调整

在高校篮球的日常训练中，时刻捕捉到球员的细微变化做出适当的反应是一个关键的成功因素。实时的反馈与调整能确保训练保持在最佳轨道上，避免时间和资源的浪费。

球员在场上的每一个动作，无论是投篮、带球还是防守都为教练提供了关于他们进步和需求的宝贵信息。通过观察球员在特定练习中的反应，教练可以快速识别哪些技巧或策略需要更多的练习或者调整。有时问题不仅仅是技术性的。一个球员的情绪或心态会影响他们的表现，一个失去信心的球员会犹豫，一个焦虑的球员会做出错误的决策。识别这些情感和心理的障碍，并与球员交流，是确保他们能够充分利用训练时间的关键。与球员的这种互动和沟通可以使教练深入了解球员的需求、挑战和愿景。当球员知道教练关心他们的进步并努力帮助他们成功时，他们更有可能投入训练中，更加努力。

（四）定期评估与总结

任何成功的篮球训练计划都不是静态的。它是一个持续发展和调整的过程，以确保它始终与球员的需求和团队的目标保持一致。为了确保训练始终保持在正确的轨道上，定期的评估是必不可少的。这不仅仅是对每个训练单元的评估，还要对整个训练周期进行评估。这意味着要查看训练的内容、强度、频率和时长，确保它们都是合适的。比赛是评估训练成果的最佳途径，球员在比赛中的表现可以为教练提供关于哪些训练方法有效、哪些需要改进的信息。但仅仅依靠比赛来评估还不够，定期的技能测试、体能评估和心理问卷可以为教练提供一个更全面的画面。在每个训练周期结束时，花时间回顾并总结所学到的东西，可以确保教练和球员都从他们的经验中学到尽可能多的东西。总结可以帮助教练和球员识别哪些方法有效，哪些需要调整，并为下一阶段的训练制定一个明确的路线图。

第六章　高校篮球综合能力训练

第一节　高校篮球专项力量训练

在篮球的竞技领域中，力量被誉为运动员的“隐形翅膀”。这对于身处高校的年轻球员来说尤为明显，此时的他们正处于生理和技能成熟的关键时期。在这个阶段，通过专项的力量训练，不仅可以优化他们的比赛表现，还可以为未来的篮球生涯打下坚实的基础。高校篮球专项力量训练不仅涉及纯粹的肌肉力量提升，更是与篮球技能、战术应用紧密结合，实现运动员全面的成长。

一、专项力量训练的重要性

篮球这项运动在速度、灵活性、技巧、战术等多方面都有很高的要求，但所有这些要素的共同基础是力量。对于高校篮球运动员来说，专项力量训练的重要性不言而喻，它既是比赛技能的物理支撑，也是预防伤病的关键（见图 6–1）。

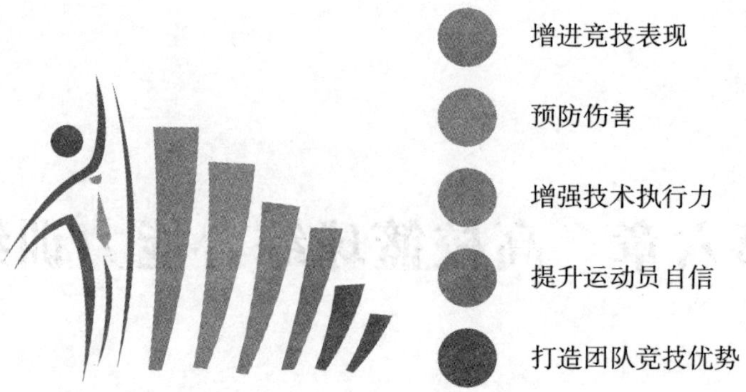

图 6-1　专项力量训练的重要性

（一）增进竞技表现

篮球比赛的特点是高强度、快节奏和技术多变。这种运动环境要求运动员具有出色的身体素质，其中最为基础的便是力量。力量作为体育运动中的核心素质，影响着每一个篮球动作的效果和稳定性。

想象一下，一个运动员在场上快速过人，在行进过程中进行一个高难度的跳投，这一系列动作对力量的需求是非常高的。如果运动员的力量不足，那么他在冲刺时会失去速度优势，跳投时无法达到理想的高度，更不用说完成高质量的投篮动作了。相反地，一个拥有足够力量的运动员可以轻松地完成这些动作，并且在比赛中占据优势。当两位运动员在篮下为篮板球争抢时，他们之间的对抗不仅仅是技术和经验的较量，更是力量的对决。一个力量训练得当的运动员往往可以更容易地拿到篮板球，为球队赢得关键的进攻或防守机会。比赛的高强度和长时间对运动员的体能也提出了很高的要求。力量训练可以增强运动员的耐力和持久力，使他们在比赛中始终保持高水平的表现，不因体能下降而影响技术动作的执行。

（二）预防伤害

篮球场上的风险因素无处不在。跌撞、摔倒、扭伤等都是篮球运动员常常要面对的问题。而力量作为身体的基石，可以在很大程度上帮助运动员抵御这些风险。

考虑到篮球运动中下肢的使用频率非常高，腿部力量的训练就显得尤为重要。一个拥有稳健腿部力量的运动员在起跳、着地时都会更为稳定，这可以大大降低因不稳定着地导致的膝关节损伤。膝关节是篮球运动员最容易受伤的部位之一，如前交叉韧带损伤、半月板撕裂等。通过专门的腿部力量训练，运动员不仅可以提高竞技表现，还可以为自己的膝关节提供更好的保护。上肢的力量训练也不容忽视。在比赛中，运动员需要完成各种接球、传球、投篮动作，稳健的上肢力量可以确保运动员对这些动作都能够有力、准确地完成。而且，当运动员与对手进行身体对抗时，强大的上肢力量也可以为他们提供更好的保护，防止手臂和肩膀受到伤害。

（三）增强技术执行力

力量在篮球中起到的作用并不仅限于物理对抗或快速冲刺，它同样对篮球的核心技术动作有着深远的影响。接球、传球、投篮这些看似简单的动作，实际上都依赖于精确的力量控制。为了保证技术的稳定性和效果，运动员必须拥有合适的力量输出。一个准确的投篮需要球员具备足够的上肢力量，以确保球飞出手时有稳定的轨迹。而力量不足的运动员在投篮时会因为手臂用力过猛或过轻而导致球打偏。同样地，在传球时，运动员需要准确控制球的速度和方向，这也要求他们具备良好的力量控制能力。接球也是一项技术动作，尤其是在高速移动中。运动员必须拥有足够的手臂和手部力量，才能在接球时准确地控制住球，避免失误。总之，无论是基础技术还是高难度技术，稳定的力量输出都是确保技术动作成功执行的关键。

（四）提升运动员自信

在体育比赛中，心理因素与技术、战术和体能同等重要。球员的自信心很大程度上会影响他在场上的表现。而这种自信，很多时候是来源于他对自己身体素质的信任。当一个球员知道自己拥有足够的力量去应对场上的任何挑战，他的动作会更加果断，决策会更加迅速。相反地，如果球员对自己的力量感到不足，他会犹豫，对自己的判断失去信心，从而影响整体表现。

这种自信不仅表现在与对手的直接对抗中，也表现在球员对自己能否完成某个技术动作的判断中。力量的提升意味着运动员在比赛中可以更加自由地施展自己的技术，不再受到身体素质的限制。

（五）打造团队竞技优势

篮球是一个团队运动，个人的突出表现固然重要，但更关键的是整个团队的协同作战。当团队中的每一个成员都拥有出色的专项力量，球队的整体实力会得到明显提升。这种提升不仅体现在每个球员的个体表现上，更重要的是，当每个球员都能够准确、迅速地完成自己的技术动作时，整个球队的战术执行会更为流畅。这意味着球队在比赛中可以更加灵活地进行战术调整，应对对方的策略。

不仅如此，一个由身体素质出色球员组成的球队在比赛中可以更好地控制场上的节奏，无论是快攻还是慢攻，都可以根据自己的意图进行调整，而不是被对手所牵制。

二、专项力量训练的分类

篮球运动涉及的身体动作和技能要求相当广泛。从全场的奔跑、突破到跳投，再到篮下的身体对抗，每一个动作都需要相应的力量支持。因此，专项力量训练不能一概而论，而是要根据不同的技能需求和比赛特点进行分类（见图 6–2）。

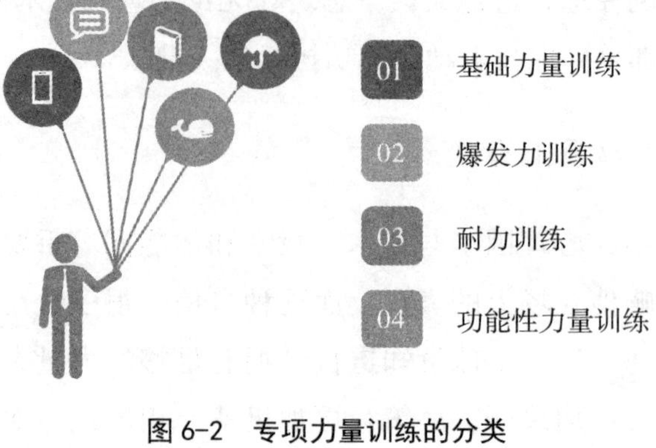

图 6–2　专项力量训练的分类

（一）基础力量训练

篮球是一项充满活力和挑战的团队运动，对运动员的身体素质提出了极高的要求。在众多身体素质中，力量作为其核心支撑着篮球运动员的每一个动作和技巧。

基础力量训练在这方面起到了不可或缺的作用。这种训练并不是为了让运动员变得像举重选手那样肌肉发达，而是为了让他们的身体更为强壮，更具有耐力。它确保运动员能够在整场比赛中都保持高效的表现，不会因为力量不足而在比赛中出现低潮。这种训练通常包括各种传统的复合性练习。深蹲作为篮球运动员训练的基石，能够全面地锻炼到腿部的各个肌肉，确保运动员有强健的双腿支撑其在场上的各种活动。卧推则主要针对上半身，让运动员在篮球场上的拼抢、挡拆、冲撞中都不落下风。这些练习结合起来，可以让运动员的核心力量、下肢和上肢力量得到全面的提升。通过持续、规范的基础力量训练，运动员能够更好地适应比赛的节奏，更好地应对对方的物理对抗，从而确保在关键时刻不会因为力不从心而导致失误。

（二）爆发力训练

篮球运动中常常需要运动员在关键时刻展现出超乎常人的爆发力。这种爆发力是指在短时间内迅速地产生并释放出大量的力量。无论是起跳时的抢篮板，还是最后时刻的决定性进攻，爆发力都是决定成功与否的关键。为了培养这种关键的能力，爆发力训练应运而生。它并不像基础力量训练那样，注重全身的力量提升，而是更加注重短时间内的最大力量输出。这意味着在训练中，运动员需要模拟比赛中的场景，如短时间内的冲刺、突破或起跳。

爆发力训练在举重运动中起到了巨大的作用，它可以帮助运动员学习如何在短时间内集中全身的力量。有阻力的冲刺和跳跃训练也被广泛应用。运动员通过反复地对这些动作进行训练，使自己在实际比赛中能够更快速、更有力地完成这些动作。爆发力训练还能帮助运动员提高自己的反应速度和敏捷性，使他们在面对突发情况时能够迅速做出反应，成功完成技术动作。

（三）耐力训练

篮球作为一项高强度的运动，不仅要求运动员有瞬间的爆发力，还需要他们在比赛的整个过程中都能保持一个相对稳定的力量输出。想象一下，如果在比赛的最后关头，因为体能不支而导致失误或未能完成关键进攻，那么前面的所有努力都将付诸东流。耐力训练正是为了避免这种情况的出现，其核心理念是通过持续的训练，使运动员在长时间的比赛中能维持良好的身体状态，不因为力量下降而影响比赛表现。

通常在进行耐力训练时，教练会根据运动员的身体条件和比赛需求来调整训练强度和内容。例如，采用高重量、低次数的训练方法可以帮助运动员增强肌肉的力量基础，而低重量、高次数的方法更侧重于增强肌肉的耐力。

除了常规的动作训练，跑步、有氧运动和游泳等有氧练习也是耐力训练的重要组成部分。这些运动不仅可以提高心肺功能，还可以帮助运动员在比赛中更好地应对长时间的高强度运动。

（四）功能性力量训练

篮球比赛中每一次攻防都涉及多种技术动作的组合。这要求运动员不仅要有足够的力量，还要能够灵活、准确地施展这种力量。功能性力量训练就是为了满足这一需求而生。它不同于其他类型的力量训练，更加注重运动员在实际比赛中的表现，训练内容通常与篮球比赛中的实际动作相结合，如篮下低位技术、挡拆后的跳投等。例如，对于一个内线球员来说，功能性力量训练会模拟篮下的对抗，要求球员在受到对方阻挡的情况下完成投篮。而对于外线球员，会重点模拟突破、换手和上篮等动作。这种训练方法的优势在于，它可以帮助运动员更好地将健身房中的力量训练转化为比赛中的实际表现。当然，这也需要教练员根据球员的特点和比赛的需要，精心设计训练内容和方法。

三、专项力量训练的方法

为了达到最佳的训练效果，运动员和教练需要根据比赛的需要和运动员的身体条件，选择合适的训练方法和内容，其中专项力量训练必不可少（见图 6-3）。

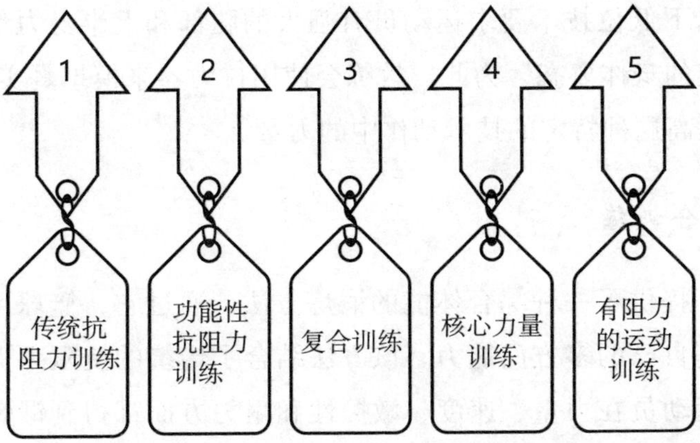

图 6-3　专项力量训练的方法

（一）传统抗阻力训练

抗阻力训练是让运动员抵抗一种外部的阻力来锻炼身体肌肉。这种训练方法在各种体育项目中都有应用，但在篮球中，它尤为关键，因为运动员需要具备强大的身体力量来完成各种高强度的动作。传统的抗阻力训练设备如哑铃、杠铃等，为运动员提供了一个完美的平台，可以在其中模拟比赛中的实际动作。例如，深蹲是一个模拟跳跃动作的练习，它可以帮助运动员增强腿部肌肉，提高跳跃的高度和力量。再比如，卧推是一个加强上半身力量的练习，它不仅可以加强胸部和肩膀的肌肉，还可以帮助运动员在比赛中更有力地推撞对手。这种训练不仅需要有恰当的重量选择，还需要有合适的训练技巧。正确的动作技术不仅可以确保训练效果，还可以大大降低受伤的风险。所以对于初学者，建议在专业教练的指导下进行抗阻力训练。

（二）功能性抗阻力训练

如果说传统的抗阻力训练是篮球运动员力量训练的基石，那么功能性抗阻力训练就是基石之上的雕琢。它不仅仅满足于提高运动员的基本力量，更重要的是帮助他们在比赛中更加灵活和有效地使用这种力量。

为什么需要功能性抗阻力训练？答案很简单，因为篮球比赛中的动作是多种多样的，从运球、投篮到篮下的对抗，每一种动作都需要不同的力量输出。例如，篮下低位技术要求运动员有强大的腿部和上半身力量，以便在对抗中保持稳定的身体姿态。为此，教练会使用拉力器来模拟真实的对抗情境，帮助运动员提高这种特定的技术动作中的力量。

（三）复合训练

复合训练提供了一种综合体能的锻炼方法，通过它，篮球运动员可以在短时间内提高自己的多方面能力。该方法结合了传统的抗阻力训练和有氧运动，以确保运动员在力量、速度、敏捷性和耐力方面都得到锻炼。考虑一个复合训练的实例。运动员可以在进行深蹲时使用中等重量的哑铃，在完成深蹲训练后立刻进行跳绳或冲刺的高强度有氧练习。这种锻炼方式不仅可以提高肌肉的力量和爆发力，还可以增强心肺功能，确保运动员在比赛中持续保持高水平的表现。复合训练使得身体在短时间内受到了多重刺激，从而提高运动员的综合体能。

（四）核心力量训练

篮球场上无论是跳投、突破还是防守，核心力量都起到了关键作用。一个强壮的核心区域能确保运动员的身体在移动和转换方向时保持稳定，从而提高动作的准确性和效率。平板支撑是一种经典的核心锻炼动作，它要求运动员保持身体与地面平行的姿势，仅使用手臂和脚尖支撑。这种动作可以有效锻炼前后的核心肌肉。俄罗斯旋转则锻炼侧面的核心肌肉，运动员在坐姿下持哑铃向左右旋转身体。而传统的仰卧起坐则更注重腹部的锻炼，对于篮球运动员的快速起跳提供有力支持。

（五）有阻力的运动训练

在实际比赛中，篮球运动员经常需要在对抗中完成动作，这就要求他们具备出色的爆发力和速度。

有阻力的运动训练是一种能够模拟比赛实际对抗情境的练习方式。在比赛中，运动员时常需要突破对手的封锁，或者在对方的干扰下完成投篮。这种高强度的对抗，要求运动员具备强大的身体对抗能力和高速度的爆发力。通过有阻力的运动训练，如负重进行跑步、跳跃或使用拉力器进行冲刺，运动员能够更好地适应和应对这种高强度的对抗。除此之外，这种训练方式还能够针对性地增强运动员的某一部位的肌肉力量。对于篮球运动员来说，腿部的力量尤为重要。通过有阻力的跑步或跳跃，可以有效地锻炼腿部肌肉，从而提高其爆发力和耐力。同样地，使用拉力器进行冲刺或变向跑，不仅可以增强腿部和腰部的力量，还能锻炼运动员的核心肌群，提高其身体稳定性和协调性。更为重要的是，有阻力的运动训练对提高运动员的反应速度和敏捷性也大有裨益。篮球场上千变万化，运动员需要对突发状况快速判断并做出反应。通过有阻力的运动训练，他们的神经肌肉反应会更为迅速，这将确保他们在关键时刻能够占据上风，从而取得比赛的优势。

第二节　高校篮球耐力素质训练

耐力素质训练在高校篮球训练中具有重要作用，针对不同的需求，教练和运动员应根据自身情况选择合适的训练方法。

一、耐力素质训练的重要性

篮球是一项在体能、技术、战术和心理上都极具挑战性的运动。特别是在高校阶段，当运动员的生理和心理都处于关键的发展期时，耐力素质训练显得尤为重要。耐力素质训练不仅可以提高运动员的整体竞技水平，更能为他们未来的职业生涯打下坚实的基础。高校篮球比赛通常是团队之间的较量，每名运动员在场上的表现都直接关系到团队的胜负。随着比赛的进行，运动员的体能逐渐消耗，如果没有良好的耐力基础，那么在比赛后期，他们的动作将变得迟缓，判断力下降，技术动作的完成度也会受到影响。

耐力素质对于篮球运动员来说不仅仅是持久跑的能力，它更是关于如何在高强度下，长时间保持较高的竞技状态。一个拥有出色耐力的运动员，在比赛的每一个阶段都能够保持清晰的思维，准确地完成技术动作，有效地与队友配合，并在关键时刻为团队挺身而出。而在高校阶段由于学业与训练的双重压力，运动员经常会感到疲劳。良好的耐力素质可以帮助他们更快地恢复身体状态，使他们在繁重的学业和训练之间找到平衡，从而在场上和场下都能取得出色的表现。高强度的篮球训练和比赛会对运动员的身体产生巨大的压力。耐力素质训练能够增强运动员的心肺功能，提高血液循环效率，使肌肉得到更多的氧气和营养，从而减少伤病的风险，延长运动员的职业生涯。对于高校篮球运动员来说，竞技水平与心理素质是相辅相成的。当运动员在场上感到疲劳时，他们的心理压力也会增加，这导致他们在关键时刻做出错误的决策。而良好的耐力素质可以确保运动员在比赛后期保持身体状态，保持清晰的思维，减少失误，更好地应对比赛中的各种情况。

二、耐力素质训练的分类

篮球运动具有多重复杂性，对于高校篮球运动员来说具备全面的耐力是他们在比赛中脱颖而出的关键。根据耐力的不同需求和应用，可对耐力素质训练进行如下分类（见图 6–4）。

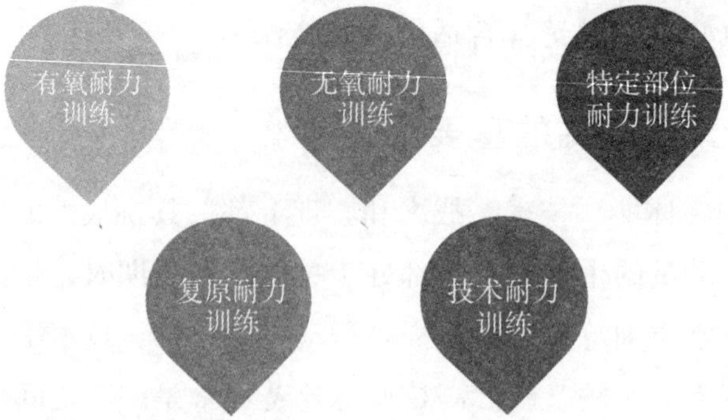

图 6–4　耐力素质训练的分类

（一）有氧耐力训练

篮球比赛尤其是高水平的比赛对运动员的有氧耐力要求很高。比赛中运动员需要完成持续跑动、转移和防守，这都要求他们具备足够的有氧耐力来支撑。有氧耐力的培养能够确保运动员在比赛的四个环节里，从开场到最后一秒，都能保持稳定的体能表现。运动员在比赛中的移动通常是高强度和长时间的。这种活动需要有效地利用氧气进行能量代谢，通过持续的、中等强度的训练，可以使心肺系统更加健壮，提高氧气输送到肌肉的能力和效率，以避免过早疲劳。

常见的有氧耐力训练方法包括长时间跑步、骑自行车和游泳等。这些活动都可以提高心肺功能，从而提高血液循环和氧气供应能力。通过模拟比赛中的真实移动，如连续练习中场快攻、转移和切换防守，也能够更具针对性地提高有氧耐力。在高校篮球比赛中，运动员的体能消耗非常大。为了确保在比赛中的持续表现，他们必须进行规律的有氧耐力训练。这种训练不仅可以帮助他们在比赛中提供持续的能量，还可以降低伤病风险，提高比赛表现。

（二）无氧耐力训练

无氧耐力训练是篮球中短时间、高强度活动的核心。篮球运动员在比赛中经常面临需要迅速做出反应的突发情况，如迅速的突破、急停跳投或是突然的反击。这些动作虽然持续时间短，但都需要大量的能量输出。这种高强度、短时间的能量需求正是无氧耐力的应用之处。

无氧代谢能够在没有氧气参与的情况下迅速产生能量。这意味着，即使在剧烈运动时呼吸变得困难，肌肉仍然可以得到必要的能量进行工作。由于这种能量产生的方式会产生乳酸，所以长时间依赖无氧代谢会导致乳酸积累和肌肉疲劳。因此，无氧耐力训练的目的是提高肌肉在高强度工作时的乳酸耐受力。通过重复的短时间、高强度训练，如短距离冲刺和爆发力跳跃，运动员的肌肉会更有效地利用和清除乳酸，从而延长高强度活动的持续时间。无氧耐力训练对篮球运动员尤为重要，因为比赛中经常需要他们在关键时刻发挥出超常的表现。这一个制胜的三分球、一个关键的封盖，或者一个决定胜负的反击，这些高难度的技术动作都需要强大的无氧耐力支撑。

（三）特定部位耐力训练

篮球运动对每一块肌肉都提出了挑战，但特定的技术动作常常更加依赖某些特定的肌肉群。例如，投篮和传球需要上肢的力量和协调，而跳跃和移动则对下肢的耐力有很高的要求。因此，特定部位的耐力训练在篮球比赛中是至关重要的。

对于上肢而言，投篮是最具挑战性的动作之一。它需要肩部、背部、手臂和手部肌肉的紧密合作。经常性的投篮训练可以增强这些部位的耐力，使运动员在比赛中能够连续投中多个球。传球也是一项对上肢耐力有很高要求的技能，尤其是长传。通过专门的传球训练，运动员可以提高手臂的耐力，从而确保每一次传球都准确到位。持续的跑动训练则可以加强腿部肌肉的耐力，使运动员在比赛中始终保持快速和敏捷。跳跃是篮球的另一个重要元素，特别是对于那些经常进行扣篮和篮板球的运动员。通过针对性的跳跃训练，他们可以提高腿部的爆发力，从而在比赛中更容易取得优势。

（四）复原耐力训练

篮球比赛的强度很高，运动员经常在短时间内进行多次高强度的活动，如冲刺、跳跃和突破。这就需要他们在短暂的休息时间内迅速恢复，为下一波攻势做好准备。复原耐力训练的目标就是提高运动员的恢复能力。这种训练通常包括高强度的活动和短暂的休息时间，以模拟比赛中的情况。例如，运动员会进行一系列的短距离冲刺，每次冲刺之间只有很短的休息时间。这种训练不仅可以提高他们的无氧耐力，还可以帮助他们学会如何在短时间内迅速恢复。

为了提高复原能力，运动员还需要注意饮食和睡眠。适当的营养可以帮助他们在比赛中保持高水平的表现，而充足的睡眠则是恢复的关键。通过结合训练和合理的生活习惯，运动员可以最大限度地提高他们的复原耐力。

（五）技术耐力训练

篮球是一项技术性很强的运动。运动员不仅需要拥有出色的体能，还要有稳定和准确的技术。在疲劳的情况下，保持技术的稳定性是一项巨大的挑战。技术耐力训练就是为了帮助运动员在身体疲劳时仍能够执行高难度的技术动作。这种训练通常结合了技术和耐力两个方面。例如，运动员在持续跑动中进行投篮训练，或者在长时间的比赛模拟中练习固定的技术动作。这样，他们不仅可以提高技术，还能培养在疲劳状态下保持技术稳定性的能力。在高强度的比赛中，技术的稳定性和准确性往往是取胜的关键。通过技术耐力训练，运动员可以确保在关键时刻仍然有出色的表现，从而帮助球队赢得比赛。

三、耐力素质训练的方法

篮球作为一项富有竞技性和团队协作精神的体育活动，对于运动员的耐力要求尤其高。特别是高校运动员往往处于关键的成长期，这一时期的耐力素质训练对于他们后续的职业发展具有深远的影响。以下从四个核心方面介绍高校篮球耐力素质训练的方法（见图 6-5）。

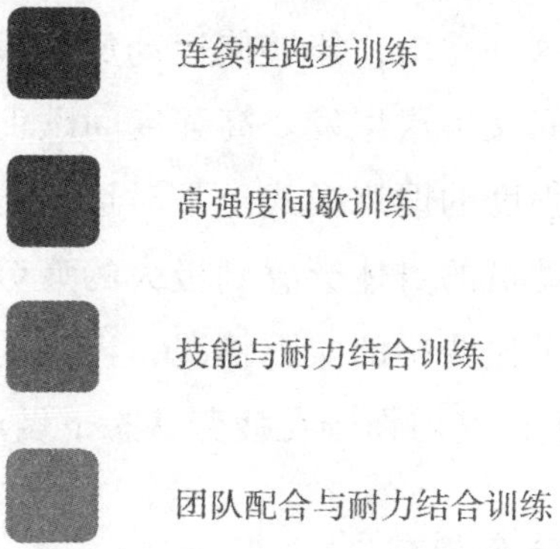

图 6-5　耐力素质训练的方法

（一）连续性跑步训练

篮球运动员在场上的身手和移动速度是他们的核心竞技优势之一。与其他运动相比，篮球运动的动态、方向变化和突然的启停对运动员提出了巨大的身体挑战。正因如此，连续性跑步训练在篮球训练中占据着举足轻重的地位。

连续性跑步训练的首要目的是提高运动员的心肺功能，使其心率保持在一个稳定的水平，从而确保有足够的氧气供应到肌肉。这种训练方式能够增强运动员的有氧耐力，使他们能够在比赛中保持更长时间的高水平表现，而不会感到过于疲劳，而仅仅通过慢跑或常规跑步训练是达不到这个效果的。为了更好地模拟篮球比赛的实际情况，教练需要设计一系列具有针对性的训练项目。这包括全场的冲刺，模拟反击的快攻训练，或是练习如何快速地转换进攻和防守。这样的训练不仅锻炼了运动员的耐力，还培养了他们的反应能力和判断力。

（二）高强度间歇训练

高强度间歇训练作为一种高效的训练方法，在体育领域中已经被证明是非常有效的。对于篮球运动员来说，其价值更是无法估量。篮球比赛经常会出现突发的情况，如一个三分球的迅速出手，突破到篮下的高难度上篮，或是一次关键的盖帽。这些都要求运动员在短时间内爆发出巨大的能量。高强度间歇训练恰好满足了这一需求，能够使运动员在短时间内达到极限，然后经过他们短暂的休息时间又再次爆发。高强度间歇训练不仅仅是为了提高运动员的爆发力，这种高强度的锻炼模式也是对运动员耐力的极大考验。在多轮的高强度锻炼后，运动员的身体会感到极大的疲劳，这正是高强度间歇训练的价值所在。它模拟了比赛中的实际情况，当运动员在比赛第四节仍然需要把握关键机会时，他们已经习惯于在疲劳状态下做出最好的表现。

（三）技能与耐力结合训练

篮球作为一项充满激情和节奏感的运动，对运动员的体能和技能都提出了很高的要求。特别是在高校篮球比赛中，比赛的激烈程度和快节奏往往使得运动员面临巨大的体能消耗。与此同时，技术动作的稳定性和准确性也是决定比赛胜利的关键。因此，技能与耐力结合的训练方式显得尤为重要。在篮球场上，许多关键的得分和精彩的配合都是在运动员身体疲劳的情况下完成的。想象一下，在比赛的关键时刻，一个疲惫不堪的后卫成功地摆脱了防守，完成了一个关键的三分投篮。或者一个体能几近枯竭的中锋，在与对方中锋的拉锯战中，成功地接到队友的传球，完成了一记扣篮。这些精彩瞬间的背后，是运动员技能与耐力相结合训练的体现。

技能与耐力结合训练的形式有很多。例如，可以模拟比赛中的快攻，让运动员在持续的跑动中接球、控球并完成投篮。这种训练形式旨在提高运动员在疲劳状态下的球控和投篮能力。另一种常见的形式是让运动员在特定的防守压力下进行控球和传球训练，这种训练能够锻炼运动员在面对防守干扰时的冷静力和准确性。技能与耐力结合训练也有助于提高运动员的比赛心理素质。在高强度、高压力的训练中，运动员需要不断地挑战自己，锻炼自己的意志力。这种锻炼方式使得运动员在比赛中面对逆境时，仍然能够保持冷静，做出正确的决策。

（四）团队配合与耐力结合训练

篮球是一项团队运动，单打独斗很难取得胜利。在比赛中，团队配合流畅与否直接影响到比赛的结果。因此，训练中除了注重个人技能和耐力外，还须重视团队的合作。

通过模拟比赛，如 3 对 3 或 5 对 5 的小场比赛，运动员可以在不断进攻与防守转换中锻炼耐力和提高球队在比赛中的实战配合能力。这种训练模式还能让教练在实战中找到球队的弱点并及时进行调整和改进。例如，如果某个运动员在长时间比赛后出现投篮不准或防守漏洞，教练可以专门针对这一点进行辅助训练，确保运动员在持续比赛下仍能保持良好的表现。团队配合与耐力结合的训练还有助于培养球队的凝聚力和战斗精神。在团队配合中，每个人都扮演着重要角色，不论是进攻端负责得分的球员，还是防守端专注于防守的球员，每个人都必须为团队付出努力。而在这样的训练过程中，运动员之间的默契和信任逐渐建立，也让他们在比赛中能够更好地理解对方，实现更好的团队配合。

第三节　高校篮球灵敏素质训练

高校篮球灵敏素质训练是提高球员场上表现的关键。通过科学的分类和针对性的训练方法，可以有效地提高球员的反应速度、动作协调性、视觉判断和身体平衡能力，使他们在比赛中更加游刃有余。

一、灵敏素质训练的重要性

对于篮球运动员而言，他们的表现并不仅仅取决于他们的身体素质或技术，还取决于他们的反应速度，即所谓的灵敏素质。尤其在高校篮球训练中，对这种灵敏素质的锻炼更显得至关重要。灵敏素质被人们所熟知的是反应速度，它涉及的是球员如何迅速并准确地对场上发生的事情做出反应。这种反应是身体上的，如迅速改变方向，避免对方的拦截；也是思维上的，如迅速地判断何时传球、何时投篮。在篮球比赛中，形势变化如瞬息万变的云彩，一个好的决策和一个迅速的反应往往意味着得分或者是成功的防守。

篮球场上每一次球权转换，每一个快攻和还击，背后都离不开灵敏性的考验。球员需要在极短的时间内对对手的动作、队友的位置、球场的空间等因素进行判断，并立即做出相应的反应。这不仅考验着球员的身体协调性，还考验着他们的判断和决策能力。防守时灵敏素质也起到了决定性的作用。成功的防守不仅仅取决于球员的体力和体型，更多的是取决于他们如何迅速而准确地对对方的进攻做出反应，是否能够及时补位、是否能够成功封堵投篮、是否能够迅速抢下篮板球，背后都是灵敏素质的体现。在篮球这项团队运动中控制比赛的节奏同样很重要。灵敏素质不仅仅体现在快速的进攻上，更多的是如何在关键时刻掌控比赛节奏，使得整支球队都能在最佳的状态下进行比赛。高水平的灵敏素质为球员带来的不仅仅是技术上的优势。每当一个球员在场上迅速、准确地完成一个动作，无论是一个突破、一个封堵还是一个三分，那都会为他带来极大的自信心，这种自信心往往能够进一步促使球员在比赛中发挥得更加出色。

二、灵敏素质训练的分类

在高校篮球的训练过程中，灵敏素质是关键的一环。它不仅与球员的基本技能和运动能力紧密相连，还与比赛中的战术选择和策略实施有着直接的关系。为了更加系统、有效地进行训练，对灵敏素质训练可以进行分类（见图 6-6）。

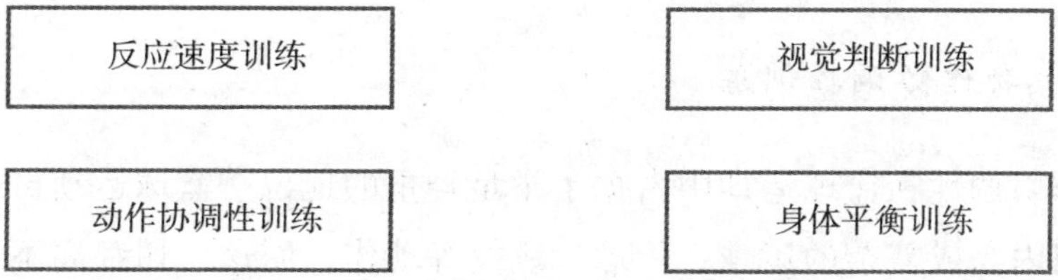

图 6-6　灵敏素质训练的分类

（一）反应速度训练

反应速度是一种体现个体对外界刺激做出迅速响应的能力，对于篮球运动员而言，具有至关重要的作用。在篮球比赛中，一个球员是否能够及时抢断，成功拦截对方的传球，或在关键时刻及时投篮，很大程度上取决于其反应速度。高校学习时期是学生身体素质和技能的关键培训期，也是学生加强各种体育训练、形成良好体育习惯的黄金阶段，这时期对反应速度的培养，将直接影响到他们在未来的比赛中的表现。

反应速度训练的目标，不仅是提高学生在场上对各种突发情况的应对速度，更重要的是培养他们的决策能力，即在最短的时间内判断并选择最佳的应对策略。这需要教练深入了解每一个学生的性格、习惯和擅长的技能，然后为他们量身定制训练方案。对于篮球运动来说，提高反应速度的方法有很多。例如，可以通过模拟比赛中的真实场景，设置突发情况，如突然改变球的方向或速度，或队友和对手的突然移动，来训练学生的即时反应能力。此外，还可以采用高科技的手段，如虚拟现实技术，来模拟比赛场景，提高训练的真实性和效果。

除了上述的技术手段，教练还应注重培养学生的篮球智慧，帮助他们提高在比赛中的判断和决策能力。这需要学生对篮球比赛有深入的理解，知道在什么情况下应该做出什么样的决策。这种理解和知识，不仅来自教练的教导，还需要学生多观看比赛，多与队友交流，不断积累经验。为了确保训练效果，教练还应定期对学生的反应速度进行测试和评估，发现问题并及时调整训练方案。教练也应鼓励学生在训练之外，积极参与各种有助于提高反应速度的活动，如打乒乓球、跳绳等。

（二）动作协调性训练

动作协调性在篮球运动中占据了举足轻重的地位。篮球运动员经常需要在短时间内完成复杂的运球、传球、跳投等动作，而这一切都离不开高水平的动作协调性。对于高校篮球队员来说，正处于技术动作和身体素质快速发展的关键阶段，重视和强化动作协调性训练显得尤为重要。篮球场上的动作协调性表现为球员能够流畅、有节奏地进行各种篮球技术动作，如在快攻中，球员需要快速运球，并在对方的防守干扰下迅速转移方向，进行高难度的上篮或跳投。这样的动作涉及双手、双腿、腰部等多个身体部位的协同工作。只有当这些身体部位能够完美配合，球员才能在比赛中有高水平的表现。

高校篮球运动员正处于技术和身体发展的黄金时期，这个时期的动作协调性训练将对他们未来的比赛表现产生深远的影响。因此，教练在训练中应将动作协调性训练纳入日常项目之中。动作协调性训练可以分为基础训练和实战模拟训练两大类。基础训练注重对球员各个身体部位的单独训练，如手的灵活性、腿的爆发力和转向能力等。通过对这些基础技能的强化，为实战模拟训练奠定坚实的基础。实战模拟训练则更接近比赛中的真实场景。在这种训练中，球员需要在教练的指导下模拟比赛中出现的各种情况，如一对一突破、二对二快攻等。通过不断地模拟和实践，球员能够在比赛中更好地应对各种突发情况，展现出更高的动作协调性。除了日常训练，教练还应鼓励球员参加其他有助于提高动作协调性的活动，如跳舞、瑜伽和太极拳等。这些活动不仅可以强化球员的动作协调性，还能够增强他们的身体柔韧性和稳定性，为比赛中的高难度动作提供支持。

（三）视觉判断训练

视觉判断在篮球比赛中也是非常关键的能力，它涉及球员对比赛形势的快速捕捉、解析和反应。一个准确的视觉判断不仅能帮助球员提前预测对方的动作，还可以及时调整自己的策略，从而更有利于球队的进攻或防守。

高校篮球队员在成长和进步的过程中，视觉判断的训练往往会被忽视，然而其实它是提高球员比赛智慧和实际操作能力的核心环节。正确地判断球场上的情况，能让球员在对抗中更加从容，从而提高整体的比赛效率。对于攻守转换，视觉判断能助力球员迅速捕捉到最佳传球线路或最有威胁的进攻点，一次快速反击或关键防守都因为准确的视觉判断而取得成功。而在固定战术中，球员通过视觉判断可以更好地找到空当，或是预判队友的动作，完成精准的配合。

视觉判断训练具有一定的难度，它需要模拟比赛中的实际情境。教练可以设计多变的对抗练习，让球员在不断攻防转换中磨炼自己的视觉判断能力。例如，在限制空间内进行的小型化比赛，可以迫使球员在压迫的情境下进行快速的视觉判断。再比如，通过录像回放，让球员分析并预判场上情况，也是一个有效的训练方法。技术和体能是篮球运动的基础，但高水平的比赛往往在策略和判断上取得胜利。视觉判断就如同篮球比赛中的“大脑”，它将技术和体能有机地结合，使得球员在场上能做出最有利于球队的决策。为提高高校篮球队员的视觉判断能力，除了日常的对抗练习，也应增加战术学习和视频分析的环节，让他们在比赛中学会观察、思考并做出决策。这样，在关键时刻，他们才能够做到冷静、精准并迅速做出响应。

（四）身体平衡训练

身体平衡对于篮球运动员来说是一个关键的技能。它不仅关乎球员在运动中的稳定性，还与防守效果、进攻效率和预防伤病息息相关。身体平衡的提升，是通过一系列细致而系统的训练来达成的。

1. 核心稳定性强化

核心肌群是身体的中心，它们支撑着上半身的重量并在动作中提供力量。

通过强化核心肌群，可以有效提高身体的稳定性，从而在比赛中更好地保持平衡。常见的核心稳定性练习包括普拉提、瑜伽和各种平衡板练习。

2. 多方向移动练习

在篮球运动中，球员经常需要在不同方向上快速移动和变向，这就要求他们在不同的角度和速度下都能保持良好的身体平衡。通过练习如侧移、前后冲刺和旋转等多方向的移动，球员可以提高在比赛中的灵活性和稳定性。

3. 单腿平衡练习

单腿平衡练习是一种有效的方式，目标是增强下肢的稳定性和力量。当一只脚站立时，身体不得不进行调整以维持平衡，从而锻炼腿部肌肉和核心肌肉群。单腿站立也模拟了篮球比赛中的许多动作，如变向突破、停球和跳投。这种练习还能够特别锻炼脚踝部位的肌肉和韧带。脚踝是篮球运动员容易受伤的部位，特别是在快速移动和转身时会受到极大的冲击。通过定期的单腿平衡练习，可以增强脚踝的稳定性，提高其对外部冲击的抵抗能力，从而显著减少运动员扭伤脚踝的风险。为了更进一步，运动员可以尝试闭眼单腿站立，或者在不稳定的表面（如泡沫垫）上进行此练习，以增加难度和锻炼效果。

4. 跳跃与落地技巧训练

打篮球是一项高度需要跳跃能力的运动。不论是为了抢断篮板、进行扣篮还是进行投篮，正确的跳跃技巧都至关重要。落地技巧也同样重要，因为不正确的落地方式导致伤害，影响运动员的长期健康和表现。训练开始时教练应指导运动员如何利用腿部肌肉的力量进行强有力的跳跃，而不是仅仅依靠腰部或背部。要确保运动员在跳跃时，膝盖和脚趾指向同一个方向，以避免扭伤。在落地技巧方面，关键是学会如何使用腿部的力量来吸收落地的冲击力，从而减轻对关节和韧带的压力。运动员应被教导要确保在落地时，脚踝、膝盖和髋关节呈现微曲的状态，这有助于分散落地时的冲击力。教练还应指导运动员如何避免在空中失去平衡，以及如何在遭受对方干扰时仍然安全落地。总之，正确的跳跃和落地技巧不仅可以提高运动员在场上的表现，还能有效地保护他们，减少受伤的风险。

三、灵敏素质训练的方法

篮球是一项对运动员灵敏性要求极高的运动，尤其在高校比赛中，球员之间的实力差距不大，而细微的动作差异和反应速度就会决定比赛的胜负。因此，提高球员的灵敏素质至关重要。高校篮球灵敏素质训练可以通过多种方法来实施，以下详细介绍几种主要的训练的方法（见图 6-7）。

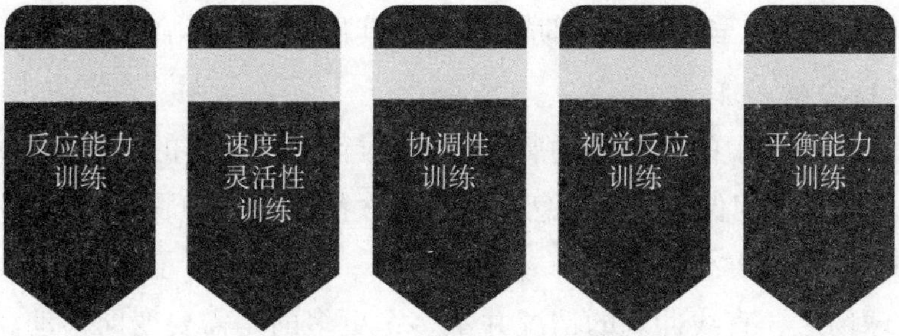

图 6-7　灵敏素质训练的方法

（一）反应能力训练

在篮球运动中，反应能力可以说是进攻和防守时的关键。是否能在一瞬间做出决策，是否能迅速地应对场上的变化，很大程度上决定了一个运动员的竞技水平。

1. 实用性训练

通过模拟比赛中的实际情境，让运动员在近似真实的环境中进行反应。例如，模拟进攻球员传球的情境，让防守球员进行拦截。这种训练方式不仅提高了运动员的反应速度，还增强了其在实战中的应用能力。

2. 反馈驱动训练

运用技术手段，例如高速摄影机，记录下运动员的反应过程，进行分析，找出其中迟缓的环节，为训练提供明确的方向。

3. 神经肌肉训练

通过一些特定的练习，如快速抓取落下的物体、迅速变换身体重心等，强化神经与肌肉的连接，使得反应更为迅速。

4. 压力下的训练

在高强度、高难度或是时间限制的情境下进行训练，可以培养运动员在关键时刻快速做出反应的能力。

（二）速度与灵活性训练

在篮球场上，不仅仅是速度决定了一切，灵活性同样重要。一个能够迅速转身、突破防守，或是及时回防的球员，其价值不言而喻。

1. 专项冲刺训练

针对篮球比赛中的短距离冲刺，可以进行50米左右的短距离冲刺训练，重复多次，每次之间保证充分休息，确保每次都能发挥出最大速度。

2. 变向速度训练

在篮球场上，直线冲刺的情况并不多，更多的是需要变向移动。通过设置不同的标志，模拟比赛中的移动路径，培养球员在高速移动中快速转变方向的能力。

3. 灵活性训练

篮球运动员需要有很好的关节活动度和肌肉延展性。一些针对性的伸展练习，如瑜伽、普拉提等，可以帮助运动员提高灵活性，预防伤病。

4. 复合型训练

复合型训练是一种结合速度和灵活性的训练。例如，让球员在高速冲刺中，突然停下并进行一系列的灵活性动作，再快速启动。这不仅提高了速度和灵活性两种能力，还培养了球员在比赛中随时调整状态的能力。

5. 力量与速度结合训练

通过爆发力训练，如深蹲、跳跃等，增强球员的下肢力量，使其在场上移动更为迅速。

（三）协调性训练

协调性在篮球中的重要性无法忽视。它不仅关乎球员在场上的移动效率，还影响球员与队友之间的默契程度。一个协调性出色的球员能够更为流畅地与队友配合，无论是进攻还是防守，都能够在关键时刻做出正确的决策和行动。在实际的训练中，协调性训练需要结合篮球运动的特点进行。例如，对于控球，不仅要求球员能够熟练控制篮球，还要求球员能够在控球时与队友进行配合，或者在面对防守球员的压迫时，能够从容面对。

（四）视觉反应训练

视觉反应在篮球中占据了非常重要的地位。一个视觉反应出色的球员，不仅能够在比赛中迅速捕捉到球场上的变化，还能够在关键时刻做出正确的决策和行动。而视觉反应训练就是为了提高球员在这方面的能力。

在实际的训练中，视觉反应训练需要模拟比赛中的实际情境。例如，可以让球员站在三分线外，然后由教练在内线随机抛出篮球，要求球员迅速判断球的落点，然后做出决策，或者是抢篮板，或者是及时回防。这样的训练既能够提高球员的视觉反应能力，又能够增强球员的实战能力。除了模拟比赛情境之外，还可以通过一些专项训练来提高球员的视觉反应能力。例如，可以让球员站在场地的一侧，然后由教练在场地的另一侧随机抛出篮球，要求球员迅速判断球的方向和速度，然后做出正确的移动。这样的训练既能够提高球员的视觉反应能力，又能够提高球员的移动效率。

（五）平衡能力训练

高校篮球灵敏素质训练中的平衡能力训练为运动员在球场上提供了坚实的支撑。篮球运动本身具有高度的动态性和不确定性，特别是在高速移动和身体对抗的场景中，如何维持身体的稳定性和准确执行各种技术动作至关重要。平衡能力是保持和恢复身体稳定状态的能力，它是每一位篮球运动员都必须具备的基础素质。无论是在突破中的转身、防守中的滑步，还是在跳投和上篮中的身体控制，都与平衡能力息息相关。高校球员正处在身体发展和技术成熟的关键期，因此，平衡能力的培训对他们而言尤为重要。篮球场上的每一个技术动作，从基本的运球和投篮，到复杂的转身和变向，都需要球员有稳固的身体平衡来支撑，而平衡不仅仅是身体的稳定，还与球员的心理状态紧密相连。在压力之下，保持冷静，做出正确判断，并迅速做出反应，都少不了对平衡能力的依赖。

为了培养和提高篮球运动员的平衡能力，训练中采用各种方法和手段。模拟真实比赛中的场景，使运动员在与对方的对抗中寻找并维持身体的平衡，是非常实用的训练手段。例如，在进行突破训练时，教练可以设置阻拦，使球员在保持速度的同时寻找平衡，从而更好地完成技术动作。专门的平衡器械，如平衡垫、平衡球等，也可以被纳入训练中。这些器械为球员提供了不稳定的支撑面，使他们在执行技术动作时更加关注自己的身体平衡。长时间的训练会使球员在真实比赛中更容易找到和维持身体的平衡。身体的核心部分如腹部、背部和腰部是维持平衡的关键，强化这些部位的力量和稳定性，对于提高平衡能力具有直接的帮助。因此，核心力量的训练应被纳入日常的训练计划中。

第七章　高校篮球心理素质培养

第一节　高校篮球运动员的心理训练方法

高校篮球运动员需要强大的心理素质来应对比赛中和场下的挑战。通过有效的心理训练，他们不仅可以提高自己的比赛表现，还能更好地应对生活中的各种压力。

一、自我暗示与放松训练

对于高校篮球运动员来说，自我暗示与放松训练是两种强大的心理训练工具。它们可以帮助运动员摆脱比赛中的压力，集中注意力，提高比赛表现。教练和运动员都应该重视这两种训练方法，将它们纳入日常训练中，以确保在比赛中取得最佳表现。

自我暗示是一种自我心理调节方法，它可以通过积极的内心对话改变运动员的行为、情感和身体反应。在高校篮球比赛中，运动员会面临众多的压力来源，如对手的强大、裁判的判决、观众的期望等。这些压力会导致运动员的焦虑、恐惧和失去信心。自我暗示作为一种强大的工具，可以帮助他们调整自己的情绪，重建信心。例如，当运动员面对一个关键的罚球机会时，他会感到紧张。通过自我暗示，他可以告诉自己："我已经完成过数百次的罚球训练，这次不会有什么不同。"这种暗示可以帮助他摆脱外部干扰，集中注意力，成功投入篮球。

仅仅通过自我暗示不足以完全消除运动员的紧张和焦虑。这时，放松训练就变得尤为重要。放松训练可以帮助运动员放松身体，平稳呼吸，达到一种冷静和放松的状态。这种状态不仅有助于提高运动员的比赛表现，还有助于他们在比赛之外的时间中放松和恢复。在高校篮球运动员的训练中，教练可以引入一系列放松技巧。例如，深呼吸是一种简单而有效的方法，它可以帮助运动员放松身体，减少心跳次数和血压，达到一种放松和集中的状态。通过深呼吸，运动员可以更好地控制自己的情绪，不被比赛中的压力所影响。冥想也是一种有效的放松技巧，它可以帮助运动员放松身体，静心思考，摆脱外界的干扰。通过定期的冥想，运动员可以更好地集中注意力，提高比赛的集中度和效率。渐进性肌肉松弛是另一种放松技巧，它通过逐渐放松身体的各个部位，从脚趾开始，到头部结束，帮助运动员放松整个身体，达到一种深度的放松状态。这种技巧不仅有助于运动员在比赛中放松，还可以帮助他们在比赛之后恢复和放松。

二、目标设定与达成

在竞技体育中，无论是个人还是团队，目标的设定都起到了至关重要的作用。对于高校篮球运动员而言更是如此，他们需要确保自己在短暂的大学生涯中，达到或超越自己的极限，而明确的目标是这一切的开始。

（一）SMART 原则

SMART 原则是设定目标常用到的经典方法。这种原则精确地描绘了目标应如何制定，为运动员提供了明确的方向。具体而言，SMART 分别代表具体的（Specific）、可衡量的（Measurable）、可达到的（Attainable）、相关性（Relevance）、时间性（Time-bound）。[①]

1. 具体的（Specific）

目标要具体。对于高校篮球运动员而言，这意味着他们需要清楚地知道自己想要完成的任务。例如，“我想成为更好的运动员”这一目标不够具体，可以将目标设定为“我想在下个月的比赛中平均每场得到 15 分”。

① 秦莹，韩勇强．社会工作项目管理：实务篇 [M]．昆明：云南大学出版社，2022：35.

2. 可衡量的（Measurable）

除了具体，目标还需要是可以被衡量的。衡量方法可以通过统计、训练记录和其他形式的追踪来实现。运动员应使用数据来追踪进度和效果。

3. 可达到的（Attainable）

过于遥不可及的目标只会导致挫败感。运动员需要确保他们的目标是切实可行的，与他们的技能和资源相匹配。

4. 相关性（Relevance）

这一点是为了确保球员的目标与他们的职责和球队的整体战略相一致。例如，控球后卫的目标会与助攻和组织进攻有关，而不是盖帽。

5. 时间性（Time-bound）

所有的目标都需要一个截止日期或时间框架。这为运动员提供了紧迫感，并鼓励他们保持努力。

（二）短期与长期目标

每个运动员的职业生涯都有其自己的阶段和里程碑，因此，他们需要为自己设定短期与长期目标。短期目标通常集中在特定的技能、技巧或即将到来的比赛上。例如，一个球员设定的短期目标是“在接下来的三场比赛中，每场比赛至少有 5 次助攻”。短期目标有助于运动员集中注意力，并迅速获得成就感。长期目标则更加宏观，通常涉及整个赛季甚至是整个职业生涯。例如，“我希望在大学四年内至少获得两次最有价值球员的荣誉”或“我希望被选为国家队的一员”。

（三）持续评估

持续评估的重要性在于它确保运动员不仅仅是在进行训练，而且是进行有方向、有目标的训练。每一位高校篮球运动员都会在赛季开始时设定个人和团队的目标，但在漫长的赛季中，如何保持方向并不断调整策略，以适应不断变化的竞技环境，是每一个顶级运动员都需要掌握的技能。

与教练和队友的沟通是评估的关键。教练拥有对比赛的全局视角，他们能够为运动员提供宝贵的反馈，帮助他们识别出自己的优势和需要改进的地方。加强与队友的沟通则可以帮助运动员了解自己在团队中的角色，以及如何更好地与他人协同作战。利用现代技术如统计数据和录像，也可以为运动员提供一个更为客观的评价标准。例如，一个投篮手可以通过查看自己在不同位置的投篮命中率，来调整自己的投篮策略；而一个控球后卫则可以通过分析自己的助攻和失误数据，来评估自己的传球决策。但评估不仅仅是为了发现问题，更是为了提供解决方案。持续评估的目的是促进运动员的成长，使他们能够在每一场比赛中都发挥出最佳状态。每一次的调整和改进，都将为他们赢得比赛、达成目标提供帮助。

（四）奖励系统

在心理学中，有一种被称为“正向强化”的理论，简单地说，它意味着当一个行为得到奖励时，这个行为在未来更有可能被重复。对于运动员来说，这种奖励不仅仅是因获得胜利或得分，更多的是关于他们为自己设定的完成目标和训练计划的奖励。实际上，许多顶级运动员都为自己设定了奖励系统。这些奖励可以是物质的，如购买一件新的运动装备，或者是心灵的，如花一天时间与家人和朋友在一起，完全放松自己。

物质的奖励往往更直观，它可以是运动员长期以来想要的东西，或是他们需要的新装备。这种物质奖励可以刺激运动员的积极性，使他们更有动力去完成训练计划或达成比赛目标。而心灵的奖励则更加深入，它满足了运动员对休息和恢复的需求。高强度的训练和比赛会让运动员感到身心疲惫，而心灵的奖励则为他们提供了一个很好的恢复机会。无论是物质的还是心灵的奖励都是对运动员努力的肯定。它们不仅仅是一种激励，更是一种对运动员付出的尊重和认可。

三、焦虑控制与压力管理方法

焦虑控制与压力管理是每位高校篮球运动员心理训练的关键部分。只有当他们学会了如何控制和管理这些情绪，才能在比赛中发挥出真正的实力，取得更好的成绩。以下是几种高校篮球运动中的焦虑控制与压力管理方法（见图 7–1）。

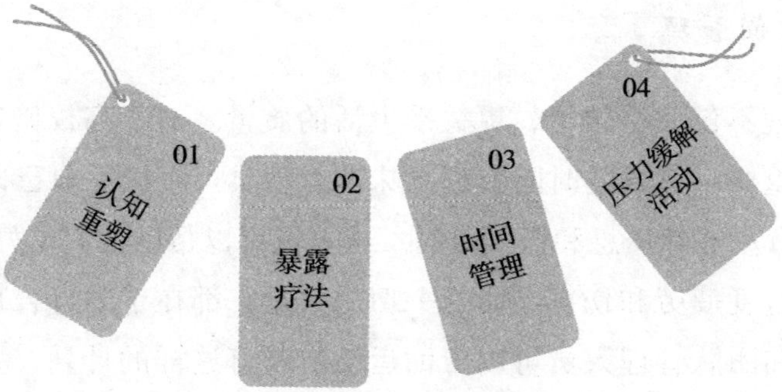

图 7-1　焦虑控制与压力管理方法

（一）认知重塑

当面对压力和焦虑时，人们的认知方式往往是固定的、刻板的，这也导致了他们难以从压力和焦虑中走出。认知重塑则旨在改变这种情况。

认知重塑的核心是教育运动员重新评估他们所面对的焦虑情境。许多时候，焦虑是由对某种情境的误解或过度担忧引起的。通过认知重塑，运动员可以学会更为客观和理性地看待这些情境，理解它们并非那么可怕，也不是不可克服的。例如，对于一场关键的比赛，运动员可以看到其中的机会，而不是仅仅关注潜在的风险和挑战。想要实现这一目的，教练和心理咨询师可以帮助运动员认识到自己的思维模式，并教给他们一些策略，帮助他们更为积极和正面地看待问题。

（二）暴露疗法

暴露疗法起源于临床心理学，主要用于治疗各种焦虑障碍。其核心理念是通过反复让个体面对和经历他们害怕的情境，可以逐渐减轻他们的焦虑反应。对于高校篮球运动员而言，这意味着他们需要在训练中多次模拟真实比赛的情境，尤其是那些他们感到特别害怕或焦虑的情境。这可以是一次关键的罚球，也可以是面对特定对手的比赛。通过这种模拟，运动员可以逐渐习惯这些情境，理解它们并非那么可怕，从而减少他们的焦虑反应。

（三）时间管理

时间管理不仅关乎效率，更关乎生活的质量。对于高校篮球运动员，时间管理尤为重要。有效的时间管理意味着运动员可以确保自己既有足够的训练时间，又有足够的休息和恢复时间。这不仅可以帮助他们更好地准备比赛，还可以避免过度疲劳和伤害。而这一切的关键，都在于制订合理的计划和遵循它。教练和团队管理人员可以帮助运动员制订这样的计划，并确保它既有挑战性，又是可行的。运动员应学会如何优先处理任务、如何避免干扰和分心，以及如何正确休息和恢复。

（四）压力缓解活动

在高校篮球的高强度、高竞争的环境中，运动员面临的压力与挑战是多方面的，为了确保运动员能在比赛中发挥出最佳水平，保持身心健康，采用一些压力缓解活动至关重要。

鼓励运动员参与一些非比赛的放松活动可以为他们提供一个从高压环境中暂时逃离的机会。在这些活动中，他们不再是球场上的竞技者，而是一个一个喜欢阅读、听音乐、画画或探索户外的普通人。这种转变有助于他们放下比赛的包袱，转换心境，从而达到放松和恢复的目的。例如，阅读不仅可以提供知识，还能帮助运动员暂时忘记外界的干扰，进入一个全新的世界，沉浸在书的情节中。听音乐则能够抚慰心灵，帮助他们调整情绪，舒缓因训练和比赛带来的紧张感。画画更是一种直接的表达方式，可以帮助运动员释放内心的情感，是对心灵的一种疗愈。散步、徒步或骑行等户外运动，不仅能够提供新鲜的空气和美丽的风景，还可以让运动员与大自然亲近，感受自然的和谐和平静。这样的活动有助于他们放松身心，也为他们的体能恢复提供了有益的帮助。更重要的是，这些活动可以让运动员意识到生活不仅仅是篮球和比赛，还有许多其他的乐趣和价值等着他们去发现和享受。这种平衡视角不仅有助于他们更好地面对和处理竞技场上的压力，还可以提高他们的生活质量，使他们成为更加圆满的个体。

第二节　高校篮球比赛中的心理调控

高校篮球比赛不仅仅是技能和体能的比拼，同样也是对运动员心理素质的一次考验。从比赛前的紧张与焦虑到比赛中的情绪波动，再到比赛后的心理恢复，每一个阶段都对运动员的心理状态提出了高要求。下面将从三个阶段深入探讨如何有效进行心理调控。

一、比赛前的心理调整

在高校篮球比赛前，运动员所面临的压力和挑战不容忽视。从对手分析到自身的备战，再到与队友的配合，每一个环节都会对运动员产生心理影响，如何确保运动员在正式比赛之前达到最佳的心理状态是每一位教练和运动员的共同课题。以下就比赛前的心理调整进行深入探讨（见图 7–2）。

图 7–2　比赛前的心理调整

（一）竞技态度建设

对比赛的态度决定了运动员赛场上的表现。建设积极的竞技态度是一个不断演进和完善的过程，这个过程中涉及对自身价值、技能和目标的认识。

每一场比赛都是对运动员能力的一次挑战。这个挑战既是外部的，即面对对手，也是内部的，即面对自己。因此，运动员在进入比赛之前需要先审视自己，明确自己的长处与短板，并决定如何在比赛中运用自己的优势和避免自己的劣势。积极的态度来源于自信。而自信的培养需要在日常训练中不断地努力和挑战自我。当运动员在训练中达到了某一目标或突破了某一技能时，他们会获得成就感，从而为比赛中所需的自信打下基础。

教练在这方面的作用也十分关键。教练需要常常鼓励运动员，让他们明白失败是成功之母，而每一次的努力都离胜利更近一步。当然，对于那些心态过于积极、过度自信的运动员，教练也要适时地给予警醒，确保他们在比赛中不会过于冒进或大意。

（二）心理预演技巧

心理预演这种看似简单的技巧，实则包含着很深的心理学原理。在比赛前通过心理预演，运动员可以更好地应对自己面对比赛的各种可能性，并提前做出心理上的调整。运动员首先需要选择一个安静的地方，避免外部干扰。其次，他们可以想象自己站在比赛场地上，感受到观众的喝彩、对手的压力以及比赛的紧张氛围。运动员应该从比赛开始到结束，详细地模拟每一刻的发生，包括自己的行动、反应以及结果。比如，当对手进行突破时，应该如何防守？当自己持球进攻时，应该选择哪种策略？心理预演还可以帮助运动员发现自己的盲点和不足。通过多次预演，他们可以发现自己在某些情境下会有的反应，并提前做好应对。

（三）团队之间的默契练习

打篮球这项运动，远不止运动员与篮球的直接交互，它在更深的层面上是运动员与运动员之间的交互和合作。一个团队能否在紧要关头展现出流畅的配合，反映的不仅是他们的技术，更是他们之间默契的深度。这种默契在比赛中是无法单独训练和培养的，需要在平时的训练和生活中不断积累。

团队默契首先是建立在对彼此的信任上。一个传球，一个接应，背后都蕴含着“我相信你能完成”的信念。信任的建立不是一蹴而就的，它需要队员共同经历风风雨雨，一同面对困境，一同分享成功的喜悦。在这些过程中，每个人都在不断地为团队付出，这种付出是默契的基石。除了信任，团队默契还需要有明确的沟通。这不仅是在比赛中对战术的理解和实施，更重要的是在日常训练中对于每个人的期待、困惑和建议的交流。每个人都是团队的一分子，他们的想法和感受都是建设默契的重要参考。在球场下的团队活动也是培养默契的好方法。通过各种团建活动，让队员放松心情，加深对彼此的了解。这种了解远超出篮球运动本身，它关乎每个人的兴趣、习惯和情感。当队员真正了解彼此，他们在球场上的配合就会更为自然，因为他们不仅知道队友在场上的位置，更能预测他们的思考和决策。教练在这个过程中扮演着关键角色。他不仅要指导队员如何更好地进行比赛，更要关心他们的心理状态，确保每个人都能在最佳的状态下为团队出战。他需要不断地鼓励队员之间的沟通，创造机会让队员增进了解，从而更好地为比赛做准备。

二、比赛中的心理调控方法

比赛中的每一秒都关系到比赛的走势与结果。在这种高压的环境中，运动员的技能固然重要，但心理调控同样重要。篮球比赛中的心理压力来自多个方面，如与对手的竞争压力、主场或客场的观众反应、比分的紧迫等。如何在这样的环境中保持清醒的判断和冷静的执行能力是每一位运动员必须掌握的技能。以下是几种比赛中的心理调控方法（见图 7-3）。

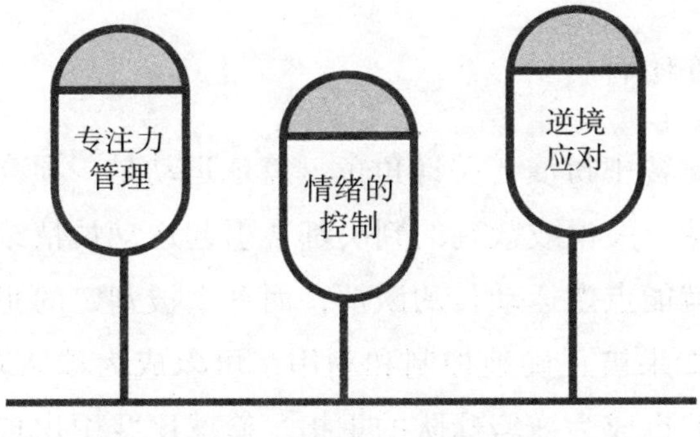

图 7-3　比赛中的心理调控方法

（一）专注力管理

在篮球比赛中专注力的重要性绝对不能被忽视。专注力是运动员在赛场上应对各种变数，迅速做出决策的关键。篮球比赛的节奏快、变数多，每一个动作、每一次判断，都决定比赛的走向。篮球运动员需要学会如何在比赛中管理自己的专注力，确保自己始终处于最佳的竞技状态。场上的一切元素都成为干扰专注的因素。真正的高手会将观众的欢呼、对方运动员的挑衅、比分的落后等因素视为背景噪声，他们的世界只有篮球、队友和对方运动员。

他们将所有的精力都投入比赛中，不让任何外界因素打扰他们。这种高度的集中精力，能让运动员更精准地捕捉到比赛的细节。每一次的传球、每一次的跑位，甚至是对手的一个眼神，都成为他们判断比赛、做出决策的线索。在这种状态下，运动员的判断更为准确，动作也更有力度，他们可以更好地发挥自己的水平，为球队争取到胜利。

但要做到这一点并不容易。运动员需要经过大量的心理训练，学会如何集中自己的注意力，如何在比赛中保持冷静，如何快速排除干扰。许多球队都会请来心理咨询师，帮助运动员进行这方面的训练。通过冥想、呼吸调节等方法，运动员可以学会如何调控自己的情绪，确保自己在比赛中始终保持最佳状态。队友之间的支持也非常重要。当一名运动员出现失误或分心时，队友的鼓励和支持往往能够帮助他快速调整心态，重新投入比赛。这就是为什么团队之间的默契如此重要，因为只有团队成员之间互相支持，才能确保每一名运动员都在赛场上发挥出自己的最佳水平。

（二）情绪的控制

情绪在篮球比赛中扮演着关键角色。篮球运动是一项高强度、高冲击的运动，每一个进球、失误或裁判的判决都会引起运动员情绪的剧烈波动。一个突然的三分球就能点燃运动员的激情，而一个被判定的犯规会让他们感到沮丧。这些情绪如果被正确地控制和利用，可以成为球队获得胜利的助力；但如果失控，它们也成为拖垮球队的重担。篮球比赛中出现情绪起伏是不可避免的。比赛的每一次转折都对运动员的心态产生很大影响。但关键在于运动员如何看待这些情绪，以及如何处理它们。运动员需要认识到情绪本身并不是坏事。适当的激情可以帮助他们更好地投入比赛，而适度的紧张感可以使他们更为警觉，做出更准确的判断。但问题在于，当这些情绪变得过于强烈，以至于影响了运动员的冷静判断时，他们需要及时调整自己的心态。当运动员感到自己过于兴奋或紧张时，他们可以尝试深呼吸，使心率降低，帮助自己恢复冷静。运动员也可以尝试将注意力转移。例如，当他们因为一个失误而感到沮丧时，他们可以立即转移注意力到下一次进攻或防守，而不是过多地沉浸在失误的情绪中。

（三）逆境应对

在激烈的篮球比赛中，逆境是难以避免的。无论是技术、策略还是外部环境，都导致球队暂时处于不利的位置。但这样的时刻，往往是塑造运动员品质、展现团队精神的关键时机。在逆境中，运动员如何调整自己的心态、如何合作、如何持续努力，直接关系到比赛的走势和最终结果。

面对逆境，运动员首先要学会保持冷静。落后的分数、对方运动员的挑衅、裁判的争议判决，都可能使运动员情绪失控。但情绪的失控往往会导致更多的失误，形成恶性循环。当面对落后局面时，运动员应当深呼吸、转移注意力，暂时放下比赛的情绪，重新冷静下来。保持团队合作的信心和决心也是非常关键的。在逆境中，运动员可能会指责彼此，对团队的策略和方向产生怀疑，但这样的怀疑和不信任只会进一步削弱团队的战斗力。此时，教练和队长的角色尤为重要，他们需要调整策略，鼓舞士气，确保每个运动员都相信团队还有机会。面对逆境，运动员也要学会从中寻找机会。每一个困难，都意味着有一个机会等待着被发掘，是一个漏洞、一个弱点，或是一个转折的契机。运动员要有敏锐的洞察力，不放过任何一个可以扭转局势的细节。

三、比赛后的心理恢复

比赛结束后，无论胜败，运动员的身体和心灵都需要一段时间的恢复。与身体恢复一样，比赛后的心理恢复同样重要，特别是对于长期需要参与高强度比赛的高校篮球运动员。适当的心理恢复有助于运动员快速调整心态，准备迎接下一场挑战（见图 7-4）。

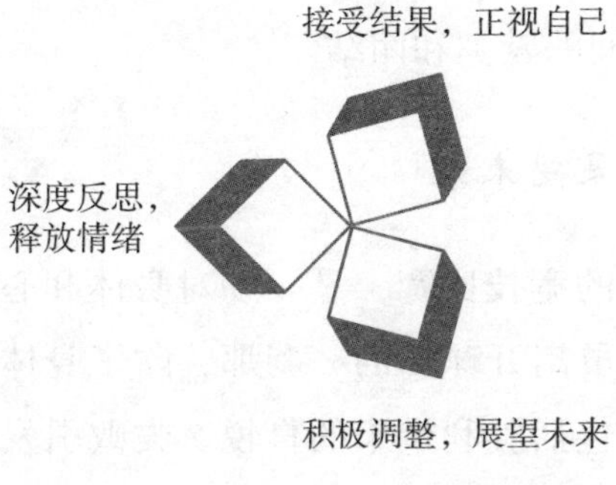

图 7-4　比赛后的心理恢复

（一）接受结果，正视自己

赛场上的胜利与失败往往并不只是技术和体能的结果，而更多地反映了运动员的心理素质和调节能力。在球场上，每一次得分、每一个盖帽都是对个人技能的肯定，但同样，每一个失误、每一次失分都引发内心的自我质疑。接受失败，是每一个运动员成长道路上的必经之路。在比赛失败的那一刻，内心的失落和痛苦会如潮水般涌来，但这些情绪并不应该成为运动员前进的绊脚石。每一次失败，都是未来成功的垫脚石。反思失败的原因，是为了在下一次的比赛中避免重蹈覆辙，而不是为了自我惩罚。在每一次的失败背后，都隐藏着宝贵的经验和教训。胜利当然值得庆祝，但在庆祝的背后，还需要有清醒的认识，了解胜利的原因，并时刻警惕胜利背后隐藏的问题。

（二）深度反思，释放情绪

篮球场上的压力和紧张如同隐形的敌人侵袭着运动员的心灵。尤其是在那些大比分落后、每一分都关键的比赛中，运动员的心理压力会达到巅峰。比赛结束，这些累积的情绪和压力需要一个出口，或一个方式得到释放。与教练沟通是一个很好的方式。教练不仅能从技术角度给出建议，还可以从战术和心理上给予指导。与教练的每一次交流，都是一次深度的反思和学习。心理咨询师也可以提供专业的指导和建议，帮助运动员更好地调整自己的心态，释放比赛带来的负面情绪。当然，与队友的交流也是十分重要的。毕竟，他们是在比赛中并肩作战的战友，共同经历了比赛中的每一个高潮和低谷，分享自己的感受和体会，听取他们的看法和建议，不仅可以帮助运动员释放情绪，还能加深队伍之间的默契和团结。

（三）积极调整，展望未来

比赛尤其是高水平的竞技比赛，是一场对身体和心理的双重考验。当比赛结束哨声响起，运动员离开球场的一刹那，除了身体上的疲惫，他们的心灵也承载着情绪负担，包括胜利带来的喜悦、失败引发的遗憾，或是平局留下的悬念。无论结果如何，每一个真正的运动员都知道，比赛只是他们长远旅程的一部分，不能因片刻的高低潮而忘记远大的目标。比赛结束并不代表一切，它更像是一个新的开始。结束的比赛如同一个已经完成的章节，而篮球运动的故事还长，每一个章节都值得期待。运动员应该有足够的智慧，去从每一次比赛中汲取精华，无论是一个技巧、一个战术还是一个经验教训，这些都是他们前进道路上的燃料，可以为他们提供源源不断的动力。

比赛虽然结束，但篮球运动员的成长并未停止。训练、恢复和学习构成了他们日常的循环。他们知道，每一场比赛都是一个难得的实践机会，每一次出场都是对自己的一个考验。在这个过程中，他们不断挖掘自己的潜力，努力提高自己的技能水平，并不断地为自己设定更高的目标。而为了实现这些目标，他们需要持续地调整自己的状态，确保自己始终保持最佳的身体和心理状态，包括合理的饮食、规律的作息、科学的训练和足够的休息。他们也会不断地寻找新的训练方法和技巧，以适应篮球这项运动不断进化的特点。展望未来并不意味着忽略现在，而是要有清晰的目标和计划，确保每一步都朝着自己的目标迈进。对于每一个篮球运动员来说，这就是他们的信仰，是他们为之付出努力和汗水的方向。

第八章 高校篮球比赛策略分析

第一节 高校篮球比赛规则与策略解析

高校篮球的比赛规则为比赛提供了基本框架，而策略制定与执行则决定了比赛的方向和最终结果，两者相辅相成、缺一不可。

一、高校篮球比赛规则的基本解读

篮球运动是既注重个人技巧又侧重团队合作的体育项目，而高校篮球在其中又有其独特性。高校篮球比赛规则旨在为大学生打造一个既具挑战性又公平的比赛环境，也为观众带来精彩的观赏体验。高校篮球比赛规则主要包括以下五个方面（见图 8–1）。

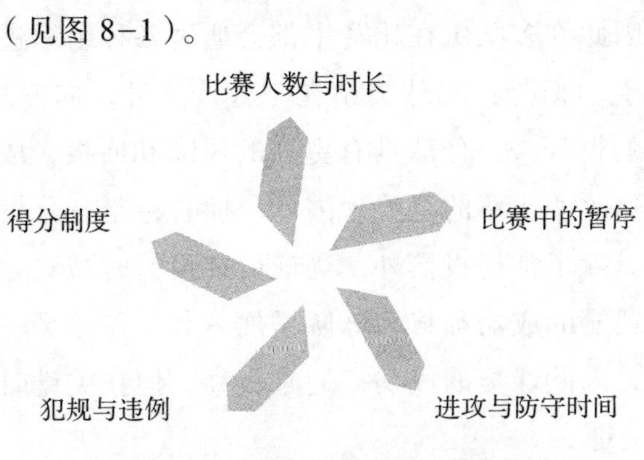

图 8–1 高校篮球比赛规则的基本解读

（一）比赛人数与时长

高校篮球比赛作为大学之间体育交流的主要项目，遵循了一套标准化和统一的规则。其中最基本的规定是每队场上有五名球员同时参赛，这也被称为五对五的标准比赛方式。这种设定确保了比赛的公平性，让每个球员在场上都有足够的空间展现自己的技巧，也增加了比赛的策略性。为了保证比赛的连续性和观赏性，一场标准的比赛被划分为四个时段，也就是四节，每一节的时长均为十分钟。但这十分钟不包括暂停、犯规和其他非比赛活动的时间。因此，实际的比赛时长往往超过这个数字。每当一节比赛结束，球员都会回到各自的席位进行短暂的休息，教练会根据比赛进展为队员提供指导和策略调整。

这种时间和人数的设置意味着每个球员都必须在场上付出更多的努力。每一个动作，无论是进攻还是防守，都影响比赛的最终结果。

（二）得分制度

在篮球比赛中，得分是决定胜负的关键，而如何得分，又与球员的位置和投篮方式密切相关。常规的得分方式有三种，分别对应不同的得分。

在三分线内，任何成功的投篮都将为球队贡献两分。这些区域的投篮大多数是中距离投篮和近篮得分，如上篮、勾手、跳投等。由于这类投篮的成功率相对较高，因此许多队伍在比赛中都会通过各种组织进攻来争取在这一区域获得投篮机会。但是，当球员站在三分线之外，向篮筐投掷并成功时，球队将获得三分的得分。三分球具有更高的风险和回报，成功率较低，但如果投中，它会迅速改变比赛的走势。因此，拥有稳定三分投手的球队往往在比赛中占据优势。除了常规投篮外，当球员在投篮时被对方犯规，就会获得罚篮机会。每次罚篮的成功都将为球队增加一分。罚篮是一种在没有防守干扰下的得分方式，因此球员的成功率通常较高。但在关键时刻，罚篮也成为决定比赛胜负的关键。

（三）犯规与违例

篮球比赛的激烈程度让犯规和违例成为常态。然而，这并不意味着球员可以随意违反规则。为了确保比赛的公平和安全，篮球规则为球员的行为设定了明确的边界。

犯规主要针对球员之间的身体接触。虽然篮球是一项接触性运动，但不允许过度的身体冲撞，特别是有意地触碰对手以阻止其动作或得分。这些触碰，无论是推、拉、扯或打，都被裁判判为犯规。对于被犯规的球员，根据其当时的动作，会获得罚篮的机会或球队获得球权。犯规并不只是在防守时出现，进攻球员也会因为冲撞防守球员、用肘部推开对方或进行其他违规动作被判犯规。在高校篮球比赛中，当一名球员在一场比赛中犯规累计五次，他将被罚出场，不能再参加这场比赛。这不仅对球员本人是一种惩罚，还对其所在球队造成影响。除了犯规，还有其他形式的违例行为。例如，3 秒违例是指进攻球员在对方的禁区内连续停留超过 3 秒而没有尝试投篮，走步则是持球球员在没有运球的情况下移动其脚步，双持球违例发生在持球球员停止运球后再次开始运球。这些违例行为都会导致球队失去球权。

（四）进攻与防守时间

篮球比赛的节奏较快，为了保证比赛的流畅性和公平性，设定了进攻时间限制。这一规则要求每队在获得球权后，必须在 24 秒内完成投篮。这不仅考验了球队的组织能力，还提高了比赛的紧张性和观赏性。24 秒进攻时间从球队获得球权的那一刻开始计算。每当进攻方的投篮击中篮筐或篮板，计时器会重新设置为 14 秒。但是，如果进攻方未能在 24 秒内尝试投篮，或者投篮未击中篮筐或篮板，球权将交给对方。这一规则迫使球队在有限的时间内迅速组织进攻，寻找最佳的得分机会。它避免了一方球队持球时间过长，导致比赛沦为单调的控球战。因此，对于教练和球员来说，如何在有限的时间内有效地组织进攻，寻找最佳的得分机会，成为赢得比赛的关键。

（五）比赛中的暂停

暂停在篮球比赛中扮演着至关重要的角色，它为教练提供了宝贵的机会，以进行紧急的战术交流，调整策略或解决球队面临的具体问题。每次暂停的时间虽然短暂，但对于比赛的走势能产生深远的影响。

在高校篮球比赛中暂停的需求可以出于多种原因。有时暂停的目的是打乱对方的势头，特别是当对方连续得分或形成得分高潮时，通过暂停，教练可以重新安定球员的情绪，调整战术布置，以阻止对方的冲击。暂停也可以被用来纠正球队的策略错误。比如，当某个对方球员连续得分并显露出出色的竞技状态时，教练会选择暂停来调整防守策略，更加集中地盯防这名球员。暂停也为球员提供了喘息的机会。在比赛的关键时刻，为主力球员提供短暂的休息，能够确保他们在最后的决胜时刻拥有足够的体力和集中度。除了上述情境，比赛结束前的关键时刻，暂停也常被用作设计最后一击的策略。教练可以根据剩余时间、得分差距和场上情况，为球员布置具体的进攻或防守任务。

二、高校篮球比赛规则与策略的关系

篮球是一项团队协作运动，每一名球员在场上的作用都对比赛结果产生影响，而比赛规则为这场团队竞技设定了明确的框架和限制。规则不仅确保比赛公平公正，还为比赛策略的制定提供了指引。要深入理解策略与规则之间的联系，就要探究规则如何塑造比赛的策略，并决定比赛的走向。

高校篮球比赛规则是固定的，但每支球队的策略是多变的。这种策略的多变性正是基于规则的稳定性。当了解规则时，策略的多变性就会展现出来。例如，知道每队在进攻时有二十四秒的时间，教练和球员就可以制定针对这二十四秒的最佳进攻策略。但若无此规定，球队会持球时间较长，使比赛失去观赏性。规则设定了比赛的边界，但策略则在这些边界内游走，寻找获胜的机会。每当规则发生变化，策略也必然随之调整。例如，当三分球线引入篮球比赛，它会改变球队的进攻策略。由于三分球的得分潜力，球队开始重视远距离投篮，并训练球员提高三分投篮的命中率。罚球规则也为比赛策略提供了其他选择。当比赛接近尾声时，落后的球队会选择故意犯规，迫使领先的球队进行罚球，以期获得球权并迅速得分。

不仅仅是进攻策略，防守策略同样受到规则的影响。例如，犯规次数的限制要求球员在防守时更为谨慎，避免过于激进的防守动作导致犯规，从而被罚出场。从宏观的角度看，规则与策略的关系就像是一部戏的剧本与导演的解读。规则提供了一个框架，而策略则是在这个框架内发挥的艺术和创意。成功的篮球教练，就像杰出的导演，能够根据规则解读出最佳的策略，使得球队在比赛中发挥出最佳水平。

三、高校篮球比赛策略的制定与执行

在高校篮球这项竞技体育中策略起着决定性的作用。它不仅涉及球员的身体素质和技能，还涉及对比赛的深度解读、对对手的认知和对胜利的渴望。高校篮球由于其参赛人员年龄、经验和心理状态的特点，策略的制定与执行尤为重要（见图 8-2）。

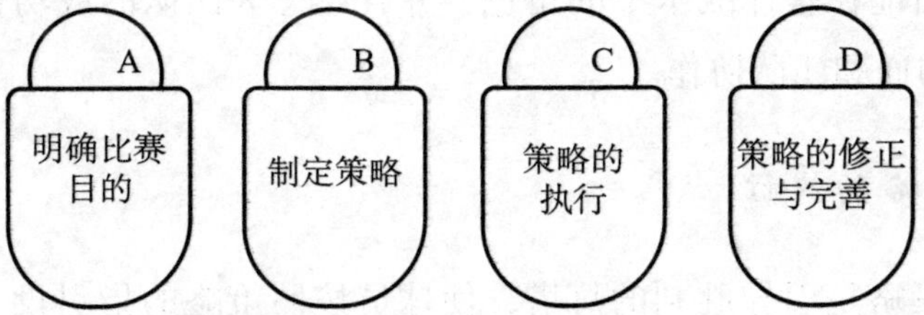

图 8-2　高校篮球比赛策略的制定与执行

（一）明确比赛目的

高校篮球比赛中的每一场都有着特定的意义和目的。例如，季前赛和友谊赛常常被视为为新球员提供实战锻炼的平台。在这些比赛中，胜负并不是主要关注的焦点，而是对球员的表现、对新战术的实践检验。而在正式的联赛和锦标赛中，每一场比赛背后都潜藏着争夺荣誉的渴望。这不仅是为了学校的声誉，也是为了球队的信心和球员的成长。在这种情境下，每一分都显得尤为关键。另外，还为了寻找队伍中的短板，测试不同的阵容组合，或者尝试一些大胆的战术。这些比赛虽然在短期内不追求胜利，但在长远的发展策略中起到了关键作用。

（二）制定策略

篮球比赛中成功的策略往往来源于对自己球队深入的了解和对对方球队的精准解读。这意味着，策略制定者需要对每一名球员的能力、状态和特点有清晰的认识。

进攻策略是赢得比赛的关键。为了有效地进攻，教练需要识别并利用每位球员的独特技能。例如，如果有一名球员在内线具有显著的优势，那么策略应该是尽可能多地将球传到他的手中。对于那些擅长外线投篮的球员，应创造机会让他们在最佳位置投篮。速度快的球员则应该在反击中找到机会。防守策略同样重要。强大的防守可以限制对手得分，从而给己方提供更多的进攻机会。教练应该根据对方球员的特点制定策略，例如，针对某一特定球员的紧逼防守，或者在某些区域的双人夹击。教练还需要根据比赛的实际进展和对方的战术调整自己的防守策略。制定策略时，更为关键的是要确保每个球员都明白他在整体战术中的角色，并且愿意为团队的成功付出努力。这需要良好的沟通和团队协作。

（三）策略的执行

赛场上策略是引导胜利的灯塔，使球员按照策略的指引投入实践，创造胜利的机会。无论策略多么出色，如果在场上没有得到妥善执行，都只能成为空中楼阁。团队意识在这里至关重要。在篮球这项集体运动中，每一次传球、每一次防守、每一次投篮，都和团队息息相关。因此，球员必须深刻理解，他们在场上的每一个行动，都是为了整个团队的利益。这种集体荣誉感，是策略得以顺利执行的基石。

比赛的真谛在于它的不确定性。有时出色的策略也会被对方的独特战术所瓦解，或是一个简单的失误导致整个战术链条断裂。面对这样的情况，球员需要展现出较高的专业素养和应变能力，即便是策略出现偏差，也要能迅速找到解决方法。在这种高强度竞技的环境中，教练的角色显得尤为关键。除了赛前的策略布置，教练还需要具备在比赛中实时分析、迅速做出决策的能力。当局势发生变化，或当原有的策略不能继续执行时，教练需要迅速给出新的方案，并确保球员能够明确理解并执行。

（四）策略的修正与完善

比赛结束并不意味着策略的终结。相反地，这是进一步完善策略的关键时刻。教练和球员需要深入分析比赛录像，从中发现策略的不足，然后进行修正。回顾比赛会发现某些战术在实际执行中效果并不理想，或者球员在某些环节存在误解。教练需要有针对性地进行调整，在未来的比赛中避免重蹈覆辙。修正策略不仅仅是找出问题，更重要的是，从中吸取教训，总结经验并不断完善。这样球队才能在比赛中持续进步，向更高的目标迈进。

第二节　高校篮球比赛的数据分析与决策实施

高校篮球比赛的数据分析已经成为比赛不可或缺的部分。球队通过精确的数据收集和解读，可以更好地了解自己和对手，从而做出更明智的决策。

一、比赛数据收集与解读

在现代的篮球比赛中，数据收集与解读已经成为提高球队竞争力的重要手段（见图 8-3）。数据不仅可以揭示球员的表现和球队的整体状态，还可以帮助教练和球员更好地理解对手，从而做出更精确的策略。

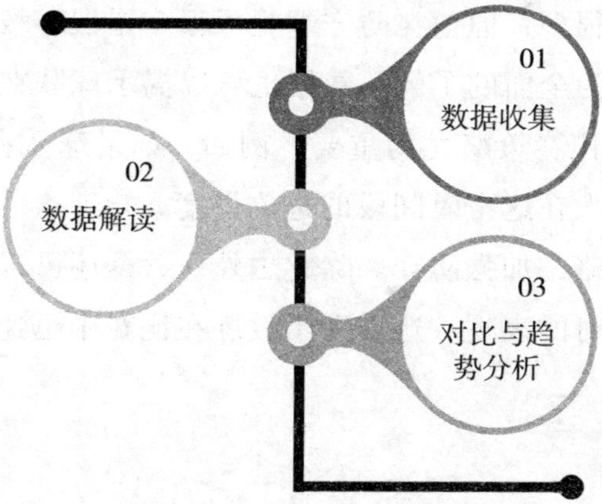

图 8-3　比赛数据收集与解读

（一）数据收集

在高校篮球竞赛中，数据收集至关重要。这是因为它不仅使教练深入了解了球员的表现，还为比赛策略的制定和调整提供了基础。得分、篮板、助攻、盖帽和抢断等基础数据为比赛的表面结果提供了概述，这些数字反映了球员或整个球队在比赛中的效率。然而，仅仅依赖这些数据是不够的。为了深入了解球员在场上的实际表现，教练需要获取更详细的数据。例如，出手位置可以告诉教练球员在场上的喜好和习惯，以及该球员在某些位置的得分效率。对抗成功率可以显示球员在与对手直接对抗时的效率，这有助于教练了解该球员是否能够在关键时刻担当起主力的角色。跑动路线则可以揭示球员的运动习惯，他们是否能够迅速转换进攻和防守，并找到场上的空位。

为了获取这些数据，很多高校采用了先进的技术。摄像头可以捕捉到球场上球员的每一个动作，而传感器可以记录球员的每一个步伐和跳跃。这样，数据分析师就可以获得球员在比赛中的完整轨迹，并据此分析他们的表现。

（二）数据解读

仅仅收集大量的数据是不够的，关键在于如何从这些数据中提取有价值的信息，并据此制定策略，这就需要数据解读。数据解读是一个深入的过程，它需要数据分析师与教练紧密合作，以确保从数据中得出的结论与比赛策略相一致。球员在某场比赛中得分很高，但这并不意味着他的整体表现就很好，比如他的出手次数很多，但他在防守端犯了很多错误。教练通过深入的数据解读，可以得到更为全面的了解。数据也可以揭示球队在某些特定时间段的表现。这对于制定比赛策略尤为重要。例如，如果球队在第三节常常失分，那么对方教练会加大在这个时间段的进攻力度。知道这一点后，教练可以在这个时间段调整策略，加强防守。除此之外，数据还可以帮助教练了解球员面对不同防守策略时的表现。这有助于教练在比赛中迅速做出决策，如换人或调整战术。

（三）对比与趋势分析

在篮球这一团队运动中，数据的深入分析不仅关乎单场比赛的绩效，还涉及多场比赛的综合评估和对比。正确地解析和对比这些数据，能够揭示出球队及球员在较长时间段内的发展趋势和表现，这对于教练制定长期战略是至关重要的。例如，对于特定的球员，他在单场比赛中的得分、助攻或篮板会受到诸多因素的影响，如对手的实力、自身的状态或是当天的比赛节奏。但当教练综观其在连续数场比赛中的数据时，某些模式和趋势便开始浮现。球员在连续五场比赛中都保持着高于平均的三分命中率，这并不仅仅意味着他在这五场比赛中投篮手感良好，更重要的是，这一连续性的数据揭示了他在三分线外的稳定性和可靠性，或者他近期的训练与调整已经开始见效。

趋势分析还能帮助教练及时捕捉球队出现的问题。比如，球队在连续数场比赛中的防守效率逐渐降低，或是球队在每场比赛的第三节都出现“得分荒”。这样的模式和趋势表明存在某种系统性的问题，需要教练进行深入探讨和及时调整。数据的对比与趋势分析还有助于了解对手。教练通过观察对方球队在过去几场比赛中的表现，可以找出其弱点和习惯，这对于制定具体的比赛策略至关重要。例如，发现对方后卫在突破时通常选择左路，或是他们在防守端对特定战术的反应较慢，这都为己方提供了宝贵的进攻机会。

二、基于数据的决策制定

数据解读完成后，接下来就是如何基于这些数据制定决策（见图 8-4）。

图 8-4　基于数据的决策制定

（一）针对球员的决策

在篮球这项团队运动中，个体球员的表现往往是比赛胜败的关键。教练通过对比赛数据的深入分析，可以对每位球员的优势和劣势有更加明确的了解，从而制定出更为精确的比赛策略。[①] 考虑一个场景，数据显示某位球员在内线的得分效率远超其他球员。这意味着每当他在内线得到球，球队得分的概率会大大增加。但背后的原因是什么呢？也许这位球员拥有出色的身体条件，如身高、臂展或跳跃能力，使他在篮下更容易得分。或者他具备高超的技巧和篮下动作，使得对方防守球员难以封锁他的投篮。有了这些信息后，教练便可以在战术中为这位球员创造更多的机会，如设置挡拆、低位单打等战术，确保他在比赛中得到更多的球权。球队的其他球员也需对此进行配合，通过快速转移球或诱导对方防守球员移动，为这位高效率的内线球员创造更多的空当。如果数据显示某球员在防守端表现卓越，那么这并不仅仅意味着他的防守技术出色。更深入地分析会发现，这位球员具有出色的判断力和反应速度，能够迅速识别对方的进攻路线并提前进行干扰。或者他与队友之间的沟通比较流畅，能够及时调整防守站位，确保球队的防线始终保持紧密。知晓这些信息后，教练就可以为这位防守型球员制定更为特定的任务，如负责盯防对方的得分手或进行篮板球抢夺。他的存在如同球队的守护神，能够在关键时刻为球队挡下对方的进攻，保持住领先分数或创造追赶机会。

但值得注意的是，数据只能提供参考，在真正的比赛中还须考虑其他诸多因素，如球员的伤病状况、心理状态或对手的策略等。教练需时刻保持敏锐的观察和判断，确保每一个决策都能为球队带来最大利益。

（二）团队战术决策

在篮球这一高度团队协作的运动中单一球员的闪光表现固然重要，但团队的整体战术布置更为关键。正确的战术选择不仅可以发挥队伍的整体优势，还能利用对手的弱点，从而增加赢得比赛的机会。在这一决策过程中，数据起到了至关重要的作用。想象一个情境，经过一段时间的比赛，数据显示球

---

① 卓利敏．篮球比赛中进攻策略与防守策略的分析 [J]. 拳击与格斗，2023（7）：70-72.

队每次在快攻中的得分效率都相对较高。这种高效率源于球队中拥有速度快、传球准确的球员，当他们迅速推进时，对方的防守往往来不及布置，球队就有更多的空位和单打机会。基于这一数据反馈，教练可以进一步强化这一优势，通过训练提高球员的传球和跑位技巧，在比赛中更频繁地利用快攻得分。然而，不同的对手会有不同的应对策略。对于那些同样擅长快攻的队伍，他们会增加回防速度，尝试在第一时间干扰或阻断快攻。因此，即使数据显示快攻效果很好，教练也需要根据实际比赛情况进行微调，如时机选择、球员轮换等。如果数据分析发现，球队在半场进攻中的得分效率更为出色，那么策略制定就会有所不同。半场进攻往往需要球员有较强的配合意识，能够准确判断局势并迅速做出决策。这也意味着球队的传球与跑位训练需要更为深入，以确保在比赛中能够找到最佳的得分机会。与此同时，对于对方的防守策略，教练也需要进行深入研究，如对方是否采用联防、是否有特定的“封锁”球员策略等，从而为球队布置相应的进攻战术。

除了进攻策略，防守也同样受益于数据分析。例如，数据显示，每当对方球员进入某个区域时得分效率更高。基于这一发现，教练可以调整防守策略，增加这一区域的盯防强度。

无论是哪种策略，关键都在于如何根据实际比赛情况进行调整。数据可以为教练提供宝贵的参考信息，但胜负往往取决于球员在场上的执行效果和对局势的判断。

（三）对手策略决策

在高校篮球比赛中，除了对自身团队的数据分析外，洞悉对手的数据和战术布局也是取胜的关键。这种数据的掌握和分析能够让球队抓住对方的漏洞，从而在比赛中占得先机。

1．数据来源的多样性

获取对手的数据是一项复杂而重要的任务，特别是在高校篮球这一竞争激烈的舞台上。数据来源的多样性确保了教练团队能全方位地洞察对手的战略和战术。①历史比赛录像分析：观看对手过去的比赛录像是直接的数据来源之一。分析这些录像可以深入了解对手的战术布局、球员特点、进攻和防守习惯等。专业的分析工具还可以从录像中提取更详细的数据，如球员的跑动路线、出手位置和配合模式等。②其他队伍的经验借鉴：对于经常参与比赛的对手，与其他队伍沟通并了解他们与对手比赛的经验可以提供独特的视角。教练通过这些第一手的信息，可以更好地了解对手的实战表现，并能够根据其他队伍的成功或失败经验做出相应的调整。③训练观察：虽然这一手段较难实现，但如果有机会观察对手的训练，将能更加直观地了解对手的技术动作、战术训练和球员之间的默契程度等。这些信息对于比赛的战术准备具有指导意义。④数据统计和分析平台：现代高科技也提供了丰富的数据分析工具和平台。从这些平台可以获取诸如球员的得分、篮板、助攻、盖帽、抢断等基础数据，也可以深入分析更为复杂的数据，如出手位置、对抗成功率、跑动路线等。

2. 发掘对手的弱点

在高校篮球比赛中，精准地发掘对手的弱点可以为比赛的胜利奠定基础。数据分析不仅仅是提取冰冷的数字，更关键的是洞察其中隐藏的信息，了解对手的行为模式和习惯。防守端的漏洞经常被关注。对方的每一个球员在场上都成为攻破的目标。例如，数据显示对方左侧防守经常出现破绽，这就为进攻提供了可乘之机。或者，数据显示对手在面对高位策应时有盲区，这将是进攻端可以利用的信息。进攻端的习惯也是分析的重要部分。数据会显示对手的主要得分点、常用的配合模式，或是哪位球员在特定位置的得分效率最高。对这些数据的认识，可以帮助提前预判和干扰对手的进攻节奏，使其陷入不利的境地。单个球员的表现同样值得关注。每个球员都有自己的特点和习惯，对这些习惯的了解可以为对抗带来优势。例如，某球员在进攻端接球后总是选择向右侧突破，或者某球员在防守转换中反应稍慢，这些信息可以用于比赛中的针对性防守。除了技术和战术层面外，心理层面的数据分析也较为关键。篮球是一项需要精神高度集中的运动，球员的心态、压力承受能力，以及关键时刻的表现都成为比赛胜负的决定因素。若数据显示某对手在比赛末节或是关键时刻表现不佳，那么这个信息对于制定战术来说是宝贵的。例如，可以选择在比赛关键时刻增加对该球员的防守压力，使其更容易犯错。

3. 制定具体的对策

在篮球比赛中，如果观察到对方的左侧防守存在明显的薄弱之处，那么这便为己方提供了深入对方的机会。但仅仅知晓这一点还不够，如何利用这一信息发动有效的攻势，才是真正的挑战。派遣最佳的突破球员从薄弱的一侧发起进攻是明智的选择。这样做的好处是能迅速侵入对方的内线，从而创造出更多得分机会或者为其他球员制造传球的机会。为了增强这一策略的效果，教练可以考虑安排特定的进攻组合，确保在攻击端有足够的火力和多样性。不只是通过个人能力突破，教练还可以布置掩护和挡拆战术来为球员创造更多突破的空间。这一策略的作用在于让防守球员难以及时切换防守目标或者在短时间内做出正确的判断。当一个球员快速地突破，而另一个球员为其设下挡拆时，防守球员必须在瞬间做出是继续盯防原来的球员还是及时换人的决策，这无疑增加了决策的压力。

4. 预测对方的变化

成功的策略不是一成不变的。就像在棋局中，每一个步骤都影响后续的战局。在篮球这种高速、多变的运动中，对方团队也会在比赛中根据情况进行相应的调整。因此，仅仅掌握对方的弱点是不够的，更重要的是预测和应对其变化。这要求教练具有出色的洞察力和判断力。他需要不断地观察比赛，分析对方的战术变化，并迅速调整自己的策略。这不仅仅是教练的任务，球员在场上也要具备这种随机应变的能力。例如，当发现对方加强了某一侧的防守时，球员要能够迅速转移进攻重心，利用其他位置或策略来破解对方的防守。教练在布置战术时，应该为球员提供多种方案。这样，即使在某一战术遭到对方的限制时，球队仍然有其他的备选方案可以采用，确保比赛的连续性和进攻的有效性。

第三节 高校篮球比赛后的反馈与教学调整

高校篮球不仅是一项竞技运动，还是学生学习和成长的过程。每场比赛都为教练和球员提供了宝贵的学习机会。正确地分析和反馈，再进行针对性的教学调整，将更有利于球员技能的提升和团队之间的合作。

一、比赛回放分析与关键时刻解读

在高校篮球比赛结束之后，教练及球员经常会聚在一起，通过大屏幕或其他设备回看、分析整场比赛，并对关键时刻进行解读。这一环节可谓每场比赛后的“第二次比赛”，它对球员的成长和教练的教学策略调整具有深远的影响（见图 8-5）。

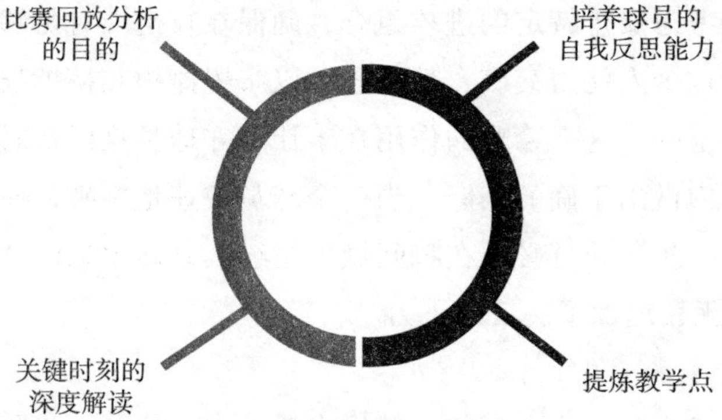

图 8-5　比赛回放分析与关键时刻解读

（一）比赛回放分析的目的

在竞技场上篮球比赛总是充满了不可预知的变数。在短暂的比赛时间内，每一个动作、每一个判断，都是影响比赛结果的关键因素。在这样的高压环境下，即便是经验丰富的教练与球员，也会遗漏某些重要的细节。而这些细节，恰恰是决定胜负的关键。

回放分析的主要目的是从一个更为冷静和客观的视角，重新审视比赛的每一个环节。在这个过程中，每一个球员的动作，每一个决策，都会被放大展现。这为团队提供了宝贵的机会，去深入挖掘每一个成功或失误背后的原因。是技术执行不到位，还是战术布置的失误，抑或是心态上的波动？只有深入剖析，团队才能找到真正的答案。回放分析也是为了确认团队的长处与短板，明确哪些策略和技术是有效的、哪些需要改进，从而为未来的训练和比赛提供明确的方向。

（二）关键时刻的深度解读

篮球比赛中的每一个时刻都是重要的，但总有那么几个节点，成为影响比赛走势的转折点。这些时刻并不一定是制胜的关键球，它可能是一次成功的挡拆配合、一次精准的三分球，或是一次致命的失误。

在关键时刻的深度解读中教练扮演着至关重要的角色，他需要将这些关键节点呈现给球员，使他们认识到，在这些时刻，哪些决策和行为促成了好的结果，而哪些决策和行为导致了不利的局面。这不仅仅是为了批评或表扬，更是为了帮助球员在类似的情境下，能够做出更为明智的选择。比如，在关键的防守时刻，球员 A 的位置稍有偏移，导致对方球员轻松得分。教练会详细分析这一情境，不仅仅是指出球员 A 的位置偏移，更要深入探讨为何会出现这样的偏移，是判断失误，还是技术执行的问题。教练还会与球员共同探讨，在类似的情境下，应如何有效地防守，如何确保不再犯同样的错误。教练也会重点分析那些成功的关键时刻，帮助球员理解成功背后的原因，是良好的体位，还是正确的决策，或是团队之间的默契配合。这样，球员不仅能够为自己的表现感到自豪，还能够在未来的比赛中更有信心地重复这些成功的经验。

（三）提炼教学点

比赛的每一个瞬间，无论是球员的个体展现还是整体的团队配合都蕴含着丰富的教学内容。在回放过程中，明显的失误或出色的执行都成了提炼教学点的宝贵材料。

技术层面的教学点直观而明显。投篮的角度、手腕的挥动、传球的时机和力度，或是防守时的站位与转移，都是直接影响比赛结果的因素。教练可以针对每一种技术动作，展现其影响，帮助球员更加明确技术细节的重要性。而策略层面的教学点则需要更为深入的解读。回放中，球员会发现，在某次进攻中因为没有遵循预定的战术，导致整个进攻流程受阻；或是在防守中，因为团队成员间的沟通不畅，而出现漏人的情况。这些都为教练提供了宝贵的教学机会，让球员认识到，战术的每一个细节都关乎整体的执行和比赛的走势。球员通过这样的分析，能够更加深刻地体会到，训练中每一次的重复与强调，并非空穴来风，而是源于比赛中的真实需求。这也使得他们更愿意接受教练的指导，愿意在训练中投入更多的努力，去改进自己的不足。

（四）培养球员的自我反思能力

优秀的球员不仅要有出色的球技，还要有持续进步的心态。而这样的心态，往往离不开自我反思的能力。比赛回放分析不仅是教练对球员的指导，还是球员自我成长的过程。面对回放中的自己，球员需要有勇气面对自己的失误，有智慧总结自己的经验，并有决心改进自己的不足。这样的过程，不仅仅是对比赛技术和策略的思考，更是对自己心态和态度的检视。

教练在这里除了提供专业的意见，更需引导球员学会自我反思。例如，可以鼓励球员自己找出比赛中的三个亮点和三个待改进的地方，或是在团队会议中，邀请每个球员分享自己的比赛感受和反思。这样的培养不仅能够使球员在技术和策略上不断进步，还能使他们在比赛中更为冷静和果断，成为真正意义上的常胜将军。

二、从数据与表现评估球员的技能与进步空间

在现代篮球比赛中，数据已成为一把锐利的剖析工具，深入呈现出比赛的各个方面。而对于教练来说，分析这些数据并结合球员的实际表现，对球员的技能与进步空间进行评估尤为关键（见图 8-6）。

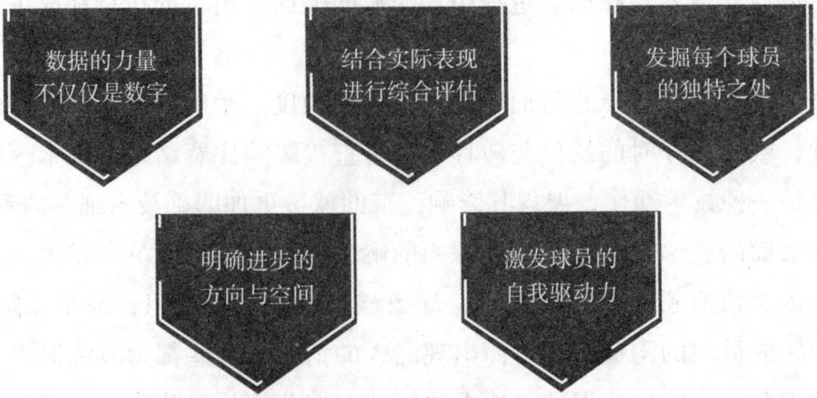

图 8-6　从数据与表现评估球员的技能与进步空间

（一）数据的力量不仅仅是数字

篮球作为一项快节奏、团队合作的运动，在每场比赛中都产生大量的数据。这些数据在肉眼看来或许只是简单的得分、篮板和助攻统计，但它们的背后隐藏着每个球员和整个团队的深层次信息。

数据最初只被用来统计基本的比赛绩效。但随着技术的发展和分析方法的进步，数据的维度也变得越来越丰富。现在，人们不仅可以知道球员得了多少分，还可以知道他在哪个位置得的分、是怎样得的分，他与哪位球员配合度最高，或者他在防守端的表现如何。例如，出手位置的数据可以反映出球员的得分习惯和技能点，以及他在场上的移动路线。对位防守成功率则可以告诉教练，球员在面对不同对手时的防守效果如何，从而有针对性地进行训练或制定策略。进攻效率、球权转化率以及球队的进攻节奏等统计，都可以为教练提供宝贵的策略建议，它们可以指出哪个球员或哪个组合在场上能带来得分，或是哪些时段球队的防守较为稳固。

数据不再仅仅是数字，它是球员在场上的一次次决策、一次次配合的具体体现，它揭示了比赛中被遗漏或忽视的信息，使教练能够对团队的战术布置和球员的技能培养做出更加明智的决策。

（二）结合实际表现进行综合评估

数据虽然能提供丰富的信息，但篮球不仅仅是数据。球员在场上的真实表现，他们在比赛压力下的应对策略，或是与队友之间无形中的默契，都是无法用数字来描述的。

每场比赛都是一个独特的故事。有时候，球员的得分或助攻数并不高，但他在场上所发挥的作用远超过数据所能反映的，比如他在关键时刻进行了防守突破，或是在进攻端为队友创造了空间。这些微妙的变化和决策，需要教练细致地观察并分析。球员的心理状态、自身的技能发展以及与教练和队友的交流互动，都会影响他在场上的表现。情绪稳定、技能全面、与队友默契配合的球员，往往能在关键时刻发挥出色。

（三）发掘每个球员的独特之处

篮球场上的每个球员都具有其独特性，这种独特性来源于他们多年的训练、他们的比赛经验和他们对篮球的理解。这些因素共同塑造了球员的技能和风格，让他们在球场上与众不同。

例如，某球员因其出色的外线投篮能力而出名，每当他持球时，观众都能预感到一记三分球即将到来。另一个球员以其在篮下的灵活身手而著称，他可以轻松地在多名防守球员之间穿梭，完成得分。还有的球员虽然得分不多，但他们组织进攻的能力和对局势的把控使他们成为球队的大脑。数据可以显示这些独特技能的一部分。例如，对球员的投篮热区、助攻次数或是抢断数，数据都能提供线索。但真正了解球员，更多的还是要通过观察他在场上的实际表现，他如何与队友互动，他在关键时刻的选择，等等。

教练通过这种综合评估可以清晰地看到每个球员的亮点和特长。知道了这些，教练就可以根据每个球员的特点为他们设计合适的训练内容，让他们的技能得到进一步的发展和提升。

（四）明确进步的方向与空间

球员的成长与发展是一个持续的过程。无论球员的技能有多高，总有进步的空间。而如何明确这个进步的方向，是教练责无旁贷的任务。评估不仅仅是为了了解球员的现状，更重要的是它可以揭示球员在技能和心态上的不足，为教练提供改进的方向。例如，球员在进攻端表现出色，但在防守端则显得稍微迟钝。或者球员的基本技术很扎实，但在关键时刻经常做出错误的决策。这些问题并不意味着球员的能力不足，反而为其提供了宝贵的机会，指明了他们成长的方向。教练可以根据这些建议，为球员设计特定的训练内容，帮助他们弥补这些不足。评估还可以帮助教练了解球员的潜力。有些球员技能尚未完善，但他们具有出色的体能和学习能力。对于这样的球员，教练可以给予更多的关注和支持，帮助他们发掘潜力，达到更高的水平。

（五）激发球员的自我驱动力

篮球不仅仅是一场团队与团队之间的竞技，更是每位球员与自己内心的较量。在这场较量中，自我驱动力无疑是每位球员最强大的武器。但如何培养和激发这种驱动力，是每位教练都应面对的挑战。评估过程提供了绝佳的机会。教练可以在这个过程中将球员纳入其中，让他们看到自己的数据和比赛表现，从而更直观地认识自己的优势和有待改进的地方。数据是冰冷的，它不会因为情感而偏离真实，而这种真实性恰恰能为球员提供有力的反馈。当球员看到自己在某场比赛中的高效率得分，他会为自己的表现感到自豪，这种自豪感会成为他继续努力的动力。而当他看到自己在某个关键时刻的失误，他会感到遗憾，但这种遗憾并不是消极的，相反地，它会使他在未来训练中更加刻苦。

参与式评估不仅可以帮助球员更清晰地看到自己的现状，还可以培养他们的自主性和责任感。当球员意识到自己的进步不仅依赖于教练的指导，还需要自己的主动参与时，他们就会在训练中全身心投入，努力提高自己的水平。让球员参与评估还有一个重要的好处，那就是增强了球员与教练之间的沟通和互动。球员可以向教练提出自己的看法和建议，而教练也可以更好地了解球员的想法和需求。这种互动将为双方建立更为紧密的合作关系，从而提高整个球队的凝聚力和战斗力。

三、教练与球员的互动

在高校篮球的世界里，教练与球员的互动绝不仅仅是指导与执行的简单关系，它是一个深度的、持续的沟通和学习过程，涉及策略、技能、心态等多个层面。这种互动不仅关乎比赛的输赢，还关乎球员的成长与发展。

高校篮球的核心是教育和培养。在这个阶段，球员仍然是成长中的青年，他们的技能、心态和人生观都在不断地塑造和完善中。因此，教练不仅是他们的技术指导者，还是他们的人生导师。这种特殊的关系使得教练与球员的互动变得尤为重要。深度的沟通是互动的关键。这意味着教练需要深入了解每个球员，包括他们的技能、潜能、心理状态和情感需求。这样，教练才能为每个球员提供有针对性的指导和支持。同样地，球员也需要对教练保持开放和真实，分享他们的感受、困惑和目标，使得指导更为贴近实际。信任是互动的基石。在紧张刺激的比赛中，球员需要信任教练，而教练也要相信球员的执行力和努力。这种相互信任将使得球队更加团结和有战斗力。实时反馈也是不可或缺的。在训练和比赛中，球员需要知道自己的表现如何，哪里做得好，哪里还需要改进。教练的即时反馈可以帮助他们更快地调整和进步。情感支持同样重要。比赛中难免会有失败和挫折，球员需要教练的鼓励和支持，帮助他们走出低谷，重新找回自信。而在胜利之后，教练与球员共同分享喜悦，也会加深他们之间的情感纽带。

需要注意的是，共同的目标是驱动整个团队前进的力量。无论是短期的比赛目标，还是长期的技能提高，教练与球员需要共同确定并为之付出努力。

四、教学调整与策略优化

在高校篮球领域中，教学调整与策略优化是确保球队持续进步和提高的关键因素。随着比赛的进行，球队的优势与短板逐渐显现。此时，教练需要灵活调整教学方法和优化比赛策略，确保球队在竞争中处于有利地位（见图 8-7）。

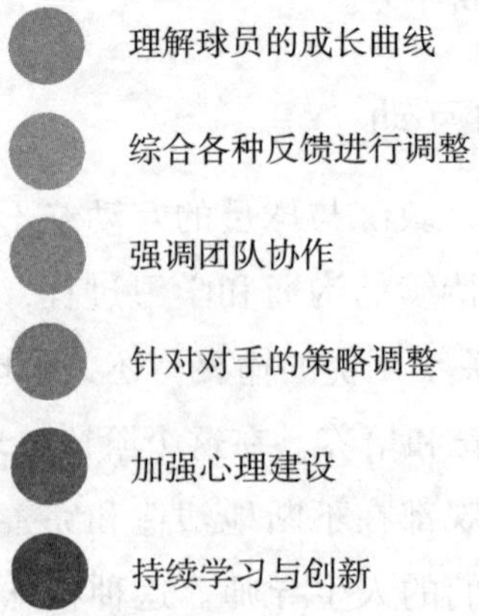

图 8-7　教学调整与策略优化

（一）理解球员的成长曲线

在篮球运动中，每位球员的进步轨迹和方式都是独特的。理解球员的成长曲线意味着教练不仅要关注球员的技能提高，还要深入了解其心理、身体和技术层面的发展。

每个球员都有自己的潜能和限制。一些球员天生就有出色的身体条件，如速度、力量和协调性，而另一些球员则需要通过长时间的训练才能达到同样的水平。每个球员的技能也是独特的，有的球员擅长中远距离投篮，而有的则在突破和传球上更为出色。除了技能和身体条件，球员的心态也是他们成长曲线的一个关键部分。有些球员在面对压力时表现得更为出色，而有些球员在关键时刻会显得紧张和不安。教练需要与球员建立深厚的信任关系，帮助他们克服这些心理障碍，确保他们在比赛中能够发挥出最佳水平。

为了理解球员的成长曲线，教练需要深入了解球员的每一个方面，从技能和身体条件到心态和个性。这样，教练才能为球员提供合适的训练和指导，确保他们能够持续进步，为球队带来更大的价值。

（二）综合各种反馈进行调整

篮球比赛是一个充满变数的竞技场，每一场比赛都蕴藏着无数的信息和教训。为了赢得比赛，高效地利用各种反馈并据此进行调整是至关重要的。教练的决策、球员的表现，甚至观众的呐喊都成为调整策略的关键。

在赛后分析中数据通常是最直接、最客观的反馈，得分、篮板、助攻和其他基础数据为教练提供了一种量化的方式来衡量球员的表现，更为深入的数据，如球员的出手位置、进攻效率，以及在特定情境下的表现，可以进一步揭示背后的策略和动态。例如，球员在特定的对位下表现出色，这样的发现会调整下一场比赛的战术。但数据仅是一方面。球员的直观感受和他们与教练的沟通也是反馈的关键。球员在比赛中会觉察到一些数据难以捕捉的细节：对手的策略变化、队友的状态波动或是比赛的整体节奏。这种实时、主观的反馈为教练提供了另一个视角，帮助他们更好地理解比赛的全貌。更进一步地，团队的其他成员，如助理教练、训练师或分析师，也能提供宝贵的意见。他们从不同的角度观察比赛，提出一些教练或球员忽视的观点。这些反馈可以帮助教练从宏观和微观的角度对策略进行调整，确保球队在接下来的比赛中有更好的表现。

反馈的真正价值在于如何使用它。有了这些信息，教练需要快速、准确地判断哪些反馈是关键的，哪些可以暂时搁置。这种决策能力是教练职责的核心部分，也是他们在比赛中取得成功的关键。

（三）强调团队协作

篮球作为一项团队运动蕴含着深厚的团队合作精神。在竞技场上，优秀的单打独斗无法战胜默契的团队。每个球员都有其闪光时刻，但在紧要关头，真正能左右比赛的是团队协作。团队中每个球员的角色都是独特的，从主力到替补，从新秀到老将，每个人都为球队的成功做出贡献。教练的任务是确保每位球员不仅明确自己的任务，还要认识自己在整体策略中的位置。这意味着，尽管得分手常常成为焦点，防守球员、组织者和其他角色同样重要。

相互信赖是团队协作的基石。球员之间需要信任彼此，相信队友会在关键时刻做出正确的决策。这种信任不是一蹴而就的，它需要在训练和比赛中不断培养。而教练的角色就是创造这种信任的环境，让球员在每一次传球和决策中深化这种默契。

（四）针对对手的策略调整

成功的篮球队不仅要打好自己的比赛，还要深入了解对手。这意味着教练要对对手的策略、风格和球员特点进行深入研究，但仅仅研究还不够，关键是如何根据这些信息进行策略调整。

每个篮球队都有自己的特点。有的球队擅长快攻，有的球队在半场进攻中表现出色，还有的球队以坚固的防守著称。教练需要了解球队的这些特点，然后制定策略，利用自己球队的优势攻击对手的弱点。例如，面对擅长外线投篮的球队，教练会调整防守策略，加强对外线球员的逼抢，减少他们的出手空间。又如，面对以内线强攻为主的球队，教练会调整阵形，提高内线的防守密度。

但固定的策略并不总是有效的。比赛是动态的，对手也会根据情况调整自己的策略。这就要求教练具备敏锐的洞察力，随时注意对手的策略变化，并迅速做出反应。教练还需要教给球员这种应变能力，让他们在场上能够自主调整，应对各种突发情况。

（五）加强心理建设

在高校篮球比赛中，球员面临的压力不仅仅是来自对方球队的竞争，还有自我期望、队友的信赖以及观众的期望。这些因素都会影响球员的心理状态，可能会导致其在比赛中做出错误的决策或失误。比如，球员连续投篮不中会怀疑自己的能力，这样的怀疑会让他更加紧张，从而影响后续的比赛表现。又如，因为被对方球员突破而失去信心的防守球员，会在之后的比赛中过于保守，害怕再次被突破。因此，教练在赛后需要及时帮助球员调整心态，让他们理解比赛中的失误和不足都是成长的一部分，而不是自己能力的反映。教练通过与球员的沟通，可以帮助他们建立积极的心态，鼓励他们在接下来的比赛中发挥出真正的水平。

团队中的老将和队长也可以起到心理引导的作用。他们可以通过分享自己的经验，帮助年轻球员建立正确的心态，鼓励年轻球员勇敢面对比赛中的挑战。

（六）持续学习与创新

篮球作为一项有着深厚历史和文化的运动，其策略和技术一直在发展。新的防守策略、进攻组织、球员培养方法等都在不断地被研究和创新。这就要求高校篮球教练不仅要有扎实的篮球基本功，还要有持续学习和创新的精神。

在日常的训练中，教练可以通过观看其他球队的比赛，学习其策略和技术，然后根据自己球队的特点进行应用和创新。教练还可以与其他教练交流，了解他们的训练方法和心得，不断地丰富自己的知识库。除此之外，教练还需要鼓励球员持续学习和创新，让他们不满足于现有的技能，而是持续地探索和尝试，寻找适合自己的打法和技巧。这样，球队才能在激烈的竞争中保持领先地位，赢得比赛的胜利。

参考文献

[1] 闫萌萌，张戈 . 当代高校篮球教学与训练实践研究 [M]. 太原：山西经济出版社，2020.

[2] 王振中 . 现代高校篮球教学理论与实践研究 [M]. 长春：吉林大学出版社， 2020.

[3] 王新 . 高校篮球训练研究 [M]. 长春：东北师范大学出版社，2019.

[4] 纪德林 . 高校篮球运动教学与训练的指导及优化 [M]. 北京: 北京工业大学出版社，2020.

[5] 张伟，肖丰 . 高校篮球运动教学理论与方法研究 [M]. 北京：新华出版社， 2019.

[6] 谭晓伟，岳抑波 . 高校篮球教学开展的理论与实践研究 [M]. 长春：吉林人民出版社，2018.

[7] 朱亚男 . 高校篮球运动教学与训练研究 [M]. 北京：九州出版社，2017.

[8] 吴谋，王方椽，等 . 高校篮球教学与训练 [M]. 上海：复旦大学出版社，1997.

[9] 仇慧 . 高校篮球教程 [M]. 哈尔滨：哈尔滨工业大学出版社，2006.

[10] 张海利，张海军 . 现代高校篮球教学理论与方法研究 [M]. 北京：新华出版社，2015.

[11] 刘璇 . 高校篮球文化建设研究 [J]. 文体用品与科技，2023，13（13）：150–152.

[12] 刘璇 . 高校篮球竞赛比赛存在的问题与对策 [J]. 文体用品与科技，2023，10（10）：169–171.

[13] 张立新 . 高校篮球训练中的体能训练分析 [J]. 武当，2023（10）：55–57.

[14] 毛建国 . 高校篮球教学与训练存在的问题与对策 [J]. 冰雪体育创新研究，2023（9）：129–132.

[15] 侯少东 . 高校篮球教学改革创新路径探讨 [J]. 拳击与格斗，2023（4）：102–

104.
[16] 孙玉宾 . 高校篮球训练理念与方法应用 [J]. 运动—休闲（大众体育），2023（7）：55–57.
[17] 黄岭威 . 高校篮球运动员力量训练研究 [J]. 内江科技，2023，44（1）：28–30.
[18] 杨大勇 . 高校篮球训练教学的有效性探索 [J]. 拳击与格斗，2022（24）：87–89.
[19] 潘浩峰 . 高校篮球核心力量训练的作用探究 [J]. 拳击与格斗，2022（22）：7–9.
[20] 王立新 . 高校篮球教学与训练的新方法研究 [J]. 拳击与格斗，2021（4）：62.
[21] 德长青 . 高校篮球教学与训练方法研究 [J]. 黑龙江科学，2021，12（1）：118–119.
[22] 李野，许新厦，袁磊 . 翻转课堂教学模式引入高校篮球教学的构建 [J]. 教育教学论坛，2023（16）：142–145.
[23] 王燕，刘永科 . 高校篮球教学的小组合作模式构建研究 [J]. 科学咨询（教育科研），2023（2）：96–98.
[24] 陈忠海，吕永飞 . 高校篮球教学改革的影响因素及发展趋势 [J]. 武当，2023（6）：81–83.
[25] 冯晓娜 . 高校篮球教学中的安全防范 [J]. 环球市场，2020（29）：285.
[26] 聂朋朋 . 高校篮球教学与训练的新方法研究 [J]. 体育画报，2020（19）：45.
[27] 张达瑶，冯健 . 翻转课堂教学模式在高校篮球教学中的应用 [J]. 当代体育科技，2022，12（24）：41–43.
[28] 彭彬 . 休闲体育视角下高校篮球教学训练研究 [J]. 当代体育科技，2022，12（24）：174–177.
[29] 张齐凯 . 情境教学法在高校篮球教学中的应用 [J]. 拳击与格斗，2022（24）：25–27.
[30] 李正昌，冯健 . 高校篮球教学改革影响因素及发展前景 [J]. 当代体育科技，2022，12（25）：55–57.
[31] 蒋旭军 . 新时代高校篮球教学改革策略分析 [J]. 南北桥，2022（18）：169–171.
[32] 房武祥 . 信息化背景下高校篮球教学实践路径探究 [J]. 体育风尚，2022（8）：107–109.
[33] 闫妍 . 关于对高校篮球教学几个重要问题的思考 [J]. 当代教育实践与教学研究（电子刊），2022（17）：43–45.

[34] 邱全．核心力量训练在高校篮球教学中的应用分析 [J]. 运动—休闲（大众体育），2022（16）：58-60.
[35] 袁彬．新形势下高校篮球教学改革的路径 [J]. 体育画报，2022（15）：122，124.
[36] 陶然，王府．论体育游戏在高校篮球教学的运用 [J]. 当代体育科技，2022，12（13）：101-105.
[37] 郭达伟．高校篮球教学中提高学生身体素质的策略研究 [J]. 体育视野，2022（12）：49-51.
[38] 范钰．高校篮球教学与训练中学生战术意识的培养研究 [J]. 拳击与格斗，2022（12）：42-44.
[39] 房武祥．信息化背景下高校篮球教学实践路径研究 [J]. 体育风尚，2022（8）：107-109.
[40] 王立新．体教融合背景下高校篮球教学优化策略 [J]. 运动—休闲（大众体育），2022（6）：182-184.
[41] 黄文威．论高校篮球教学中运动战术意识的培养 [J]. 冰雪体育创新研究，2022（6）：150-152.
[42] 李攀．提升高校篮球教学与训练效果的策略研究 [J]. 体育画报，2022（6）：181-182，184.
[43] 刘铠萁．高校篮球教学中体能训练的技巧及方法研究 [J]. 运动—休闲（大众体育），2022（4）：64-66.
[44] 薛雄，田昕杰．分析大学篮球文化对高校篮球教学改革的影响 [J]. 体育画报，2022（3）：199-200.
[45] 许钊，乔亮．比赛教学法在高校篮球教学中的实践研究 [J]. 中文科技期刊数据库（全文版）教育科学，2022（5）：235-237.
[46] 路俊奇．高校篮球教学中比赛教学法的运用研究 [J]. 当代体育科技，2022，12（3）：67-69.
[47] 范迪峰．高校篮球教学与训练方法的创新研究 [J]. 中国多媒体与网络教学学报（电子版），2019（35）：40-41.
[48] 史小红．高校篮球教学改革的创新方法探析 [J]. 读天下，2019（27）：130.
[49] 赵博．高校篮球教学与大学生体育自我能力的培养研究 [J]. 商情，2021（39）：107-109.

[50] 李佩伦，吕平阳，王瑜 . 高校篮球教学中学生战术意识培养策略研究 [J]. 体育画报，2021（19）：52–53.
[51] 宋桥仔 . 高校篮球教学模式改革的设想与思路 [J]. 女报（家庭素质教育），2019（12）：87.
[52] 范迪峰 . 高校篮球教学与训练方法的创新研究 [J]. 中国多媒体与网络教学学报（中旬刊），2019（12）：40–41.
[53] 蔡晓龙 . 目标分层教学在高校篮球教学中的应用 [J]. 网羽世界，2021（16）：42–43.
[54] 张震 . 普通高校篮球教学现状及其改革思路 [J]. 冰雪体育创新研究，2021（17）：108–109.
[55] 张达瑶 . 高校篮球教学改革影响因素及发展趋势探索 [J]. 冰雪体育创新研究，2021（17）：119–120.
[56] 董璐 . 高校篮球教学与训练中"意识训练法"的研究与应用 [J]. 休闲，2021（16）：18–20.
[57] 杨君民 . 现代技术在高校篮球教学中的运用研究 [J]. 当代体育科技，2021，11（15）：135–137.
[58] 洛让加措 . 校园篮球文化建设对高校篮球教学的影响探析 [J]. 冰雪体育创新研究，2021（15）：83–84.
[59] 任斌 . 高校篮球教学方法与教学创新思维的融合问题研究 [J]. 当代体育科技，2021，11（14）：130–132.
[60] 王宇 . 对高校篮球教学的几个重要问题思考 [J]. 长江丛刊，2021（14）：107–108.
[61] 吴晓刚 . 运用篮球游戏提升高校篮球教学效率 [J]. 中国科技经济新闻数据库（教育），2021（7）：281，284.
[62] 陈波 . 俱乐部模式在高校篮球教学中的应用研究 [J]. 体育风尚，2021（6）：219–220.
[63] 龙羽，龙姣姣 . 多元化教学模式下的高校篮球教学改革研究 [J]. 冰雪体育创新研究，2021（6）：105–106.
[64] 杨科，唐义富 . 高校篮球教学方法综述研究 [J]. 体育风尚，2019（4）：136.
[65] 吴兆凯 . 高校篮球教学隐形课程开发方法与策略研究 [J]. 冰雪体育创新研究，

2021（5）：126–127.

[66] 高景棋，张立争，朱宝钢 . 新形势下高校篮球教学改革的思路探析 [J]. 运动—休闲（大众体育），2021（5）：187.

[67] 赵雷，马铭远，李红记 . 智慧翻转课堂在应用型高校篮球教学中的实践研究 [J]. 拳击与格斗，2023（5）：108–110.

[68] 贾商洋，李明，陈家雄，等 . 拓展训练在高校篮球教学中的运用研究 [J]. 休闲，2020（12）：19.

[69] 马明松 . 如何提升高校篮球教学与训练的效果 [J]. 当代体育，2021（32）：51.

[70] 何航飞 . 浅谈过程性评价在高校篮球教学中的应用 [J]. 东西南北（教育），2020（10）：68–69.

[71] 邱晓强 . 自主学习法在高校篮球教学中的运用研究 [J]. 冰雪体育创新研究，2020（9）：52–53.

[72] 章建波 . 基于俱乐部运营模式的高校篮球教学研究 [J]. 文体用品与科技，2020（5）：160–161.

[73] 赵迎辉，郑小焕 . 高校篮球教学中合作学习方式的实验研究 [J]. 文体用品与科技，2020（5）：162–163.

[74] 王凤岭 . 高校篮球教学训练中战术意识的培养策略 [J]. 文体用品与科技，2020（4）：213–214.

[75] 郑进贵 . 互联网 + 时代高校篮球教学改革的创新策略分析 [J]. 文体用品与科技，2020（6）：158–159.

[76] 刘可 . 高校篮球教学中竞赛教学法的运用研究 [J]. 科教导刊（电子版），2020（4）：246.

[77] 刘畅 . 高校篮球教学中运动损伤的预防途径 [J]. 下一代，2020（4）：251，254.